MARCO POLO

FÖHR & AMRUM

PELLWORM NORDSTRAND HALLIGEN

DÄNEMARK

Föhr
Amrum
Halligen   Husum   Fehmarn
                     Kiel

Nordsee   Schleswig-
             Holstein

                        Mecklenburg-
             Hamburg   Vorpommern

NIEDER-
LANDE
             Bremen

Niedersachsen

MARCO POLO AUTOR
Arnd M. Schuppius
Der gebürtige Hamburger lebt im Dithmarscher Städtchen Burg und arbeitet für mehrere Verlage und Zeitschriften. Für MARCO POLO kümmert er sich auch um die Bände „Sylt" und „Nordseeküste Schleswig-Holstein". Im zarten Alter von sechs Jahren kam der ausgewiesene Kenner der Region zum ersten Mal nach Föhr und Amrum – und bis heute sind diese Inseln so etwas wie seine zweite Heimat.

REIN INS ERLEBEN

Mit dem digitalen Service von MARCO POLO sind Sie noch unbeschwerter unterwegs: Auf den Erlebnistouren zielsicher von A nach B navigieren oder aktuelle Infos abrufen – das und mehr ist nur noch einen Fingertipp entfernt.

6 **INSIDER-TIPPS**
Von allen Insider-Tipps finden Sie hier die 15 besten

8 **BEST OF ...**
- Tolle Orte zum Nulltarif
- Typisch Föhr und Amrum
- Schön, auch wenn es regnet
- Entspannt zurücklehnen

12 **AUFTAKT**
Entdecken Sie Föhr und Amrum!

18 **IM TREND**
Auf Föhr und Amrum gibt es viel Neues zu entdecken

20 **FAKTEN, MENSCHEN & NEWS**
Hintergrundinformationen zu Föhr und Amrum

26 **ESSEN & TRINKEN**
Das Wichtigste zu allen kulinarischen Themen

30 **EINKAUFEN**
Shoppingspaß und Bummelfreuden

32 **FÖHR**
35 Nieblum 40 Oevenum
42 Oldsum 46 Utersum
48 Wyk

56 **AMRUM**
60 Nebel 66 Norddorf
69 Wittdün

72 **PELLWORM**

80 **NORDSTRAND**

SYMBOLE

- INSIDER TIPP – Insider-Tipp
- ★ – Highlight
- ●●●● – Best of ...
- Schöne Aussicht
- Grün & fair: für ökologische oder faire Aspekte
- (*) Kostenpflichtige Telefonnummer

PREISKATEGORIEN HOTELS

€€€	über 160 Euro
€€	110–160 Euro
€	bis 110 Euro

Preise für zwei Personen im Doppelzimmer mit Frühstück in der Hauptsaison

PREISKATEGORIEN RESTAURANTS

€€€	über 22 Euro
€€	15–22 Euro
€	bis 15 Euro

Preise für ein Hauptgericht (Fisch oder Fleisch) ohne Getränke am Abend

86 HALLIGEN
89 Gröde 90 Hooge
91 Langeness 93 Oland

94 ERLEBNISTOUREN
94 Die Inseln und Halligen
perfekt im Überblick
99 Westerland-Föhr entdecken
102 Amrum von allen
Seiten 105 Pellwormer Deich-
wanderung 107 Radeln im
Biotop Beltringharder Koog

110 SPORT & WELLNESS
Aktivitäten und Verwöhnpro-
gramme zu jeder Jahreszeit

**114 MIT KINDERN
UNTERWEGS**
Die besten Ideen für Kinder

118 EVENTS, FESTE & MEHR
Alle Termine auf einen Blick

**120 LINKS, BLOGS, APPS &
CO.**
Zur Vorbereitung und vor Ort

122 PRAKTISCHE HINWEISE
Von A bis Z

126 REISEATLAS

138 REGISTER & IMPRESSUM

140 BLOSS NICHT!

GUT ZU WISSEN
Geschichtstabelle → S. 14
Die Kehrseite der Medaille
→ S. 25
Spezialitäten → S. 28
Bücher & Filme → S. 43
Elmeere → S. 53
Inselmaler → S. 63
Rungholt → S. 79
Vogelschwärme → S. 92
Feiertage → S. 119
Was kostet wie viel? → S. 123
Wetter→ S. 124

KARTEN IM BAND
(128 A1) Seitenzahlen und
Koordinaten verweisen auf
den Reiseatlas
(0) Ort/Adresse liegt außerhalb des Kartenausschnitts
Es sind auch die Objekte mit
Koordinaten versehen, die
nicht im Reiseatlas stehen

(🗺 A–B 1–2) verweist auf
die herausnehmbare Falt-
karte

UMSCHLAG VORN:
Die wichtigsten Highlights

UMSCHLAG HINTEN:
Eine Karte zu Wyk (Föhr) und
die Routenpläne der Inselbah-
nen „Friesenexpress" (Föhr)
und „Insel-Paul" (Amrum)

Die besten MARCO POLO Insider-Tipps

Von allen Insider-Tipps finden Sie hier die 15 besten

INSIDER TIPP **Sprechende Steine**

Die jahrhundertealten *Grabsteine* auf dem Friedhof in Nebel erzählen vom Leben der unter ihnen Begrabenen – QR-Codes machen es möglich → S. 63

INSIDER TIPP **Frohes Fest**

Wintergäste, die dem Trubel auf dem Wyker Sandwall entfliehen wollen, besuchen den stimmungsvollen *Weihnachtsmarkt* im Friesenmuseum → S. 119

INSIDER TIPP **Süße Sünden**

Törtchen, Pralinen, Macarons … exquisite Konditorenkunst. *Kleine Sünden Föhr* heißt das Geschäft in Wyk. Man ist sofort geneigt, ohne Reue große zu begehen → S. 52

INSIDER TIPP **Lage, Lage, Lage**

Großzügige Zimmer mit Aussicht erwarten Sie im Hotel *Kapitän Tadsen* in Steenodde auf Amrum. Speisen mit Niveau werden im zugehörigen Restaurant Weltenbummler serviert → S. 65

INSIDER TIPP **Luxuriöses Refugium**

Das Hotel *Rackmers Hof* (Foto o.) im beschaulichen Oevenum auf Föhr ist ein kleines Ensemble aus reetgedeckten Häusern, in denen sich Apartments mit hohem Wohlfühlfaktor befinden → S. 41

INSIDER TIPP **Nostalgie in der Kleinen Schule**

Zwischen all den Dingen stöbern, die den Alltag verschönern, im Garten sitzen oder die Torte des Tages genießen – ein Besuch der *Luttschool* aut Pellworm kann lange dauern → S. 77

INSIDER TIPP **Macht Müde munter**

Eine Stärkung in der *Rad'l-Rast* mitten in der Föhrer Marsch hilft so manchem ermatteten Pedalritter wieder auf den Sattel → S. 35

INSIDER TIPP **Ferkelei im Kuhstall**

Im *Café Kohstall* in Nieblum gibt's immer dienstags Spanferkel satt, freitags kommt ein Salzwiesenlamm auf die Tische → S. 37

INSIDER TIPP **Dinieren und Chillen**

Gutes Restaurant, Bar, Lounge, Treffpunkt – das *Schipperhus* in Tammensiel auf Pellworm möchte all das gleichzeitig sein. Das Tolle: Es gelingt hervorragend → S. 76

INSIDER TIPP **Vielfalt der Vogelwelt**

Auge in Auge mit dem Austernfischer (Foto u.), ganz nah an der Nonnengans – das ist möglich am *Beobachtungsposten* des Vereins Elmeere in der Midlumer Marsch. Vogelfreunde können hier spannende Stunden verbringen → S. 42

INSIDER TIPP **Kultur und Käseteller**

Ein echtes Kleinod ist die *Alte Druckerei* in Wyk mit ihren guten Weinen und den regelmäßig stattfindenden kulturellen Veranstaltungen → S. 50

INSIDER TIPP **Wohnen auf der Weide**

Aus Stall mach Hotel: Das moderne *Hoftel* zwischen Nieblum und Alkersum ist die perfekte Urlaubsunterkunft für junge Familien → S. 39

INSIDER TIPP **Versunkene Schätze**

Wattführer Hellmut Bahnsen und seine Frau Rita unternehmen mit Ihnen unterhaltsame *Wattwanderungen* auf „Kulturspuren". Besonders schöne Fundstücke landen im hauseigenen Museum, das der versunkenen, sagenumwobenen Insel Rungholt gewidmet ist → S. 75

INSIDER TIPP **Der Klang der Insel**

Augen zu und mal ein Stündchen von den „schönsten Wochen des Jahres" träumen. Dem Musiker *Hauke Nissen* gelingt das Kunststück, Sie mit Flöte, Gitarre und den Tönen der Natur dem Alltagstrott zu entreißen und Sie auf den Deich und ans Meer zu versetzen → S. 44

INSIDER TIPP **Weitsicht**

Im Restaurant *Sehliebe* am Utersumer Strand schauen Sie übers Meer auf Sylt und Amrum, genießen leichtes Essen und träumen bei sensibel zusammengestellter Musik → S. 47

BEST OF ...

TOLLE ORTE ZUM NULLTARIF
Neues entdecken und den Geldbeutel schonen

SPAREN

● *Naturkunde zum Anfassen*
Aquarien, Dioramen, Schaubilder und ein großes Angebot an Exkursionen – die Naturzentren auf den Inseln sind die besten Anlaufstellen, wenn Sie mehr über die Natur im Wattenmeer erfahren möchten. Für eine Spende ist man auch im *Norddorfer Zentrum* dankbar → S. 66

● *Kreative Freizeitgestaltung*
Urlaub mit Kindern ist teuer, da führt kein Weg dran vorbei. Für ein wenig finanzielle Entlastung sorgt da der *Freizeithelfer-Laden* in Wyk mit vielen Angeboten für die ganze Familie, umsonst oder für ganz kleines Geld → S. 116

● *Entenjagd anno dunnemals*
Die meisten *Vogelkojen* sind nicht mehr zugänglich, doch z. B. die in *Boldixum* können Sie gegen eine kleine Spende besichtigen und so erfahren, wie man einst zu einem Entenbraten kam → S. 55

● *Informationsfreiheit*
In vielen *Touristinfos* gibt es Ruhe- und Leseräume, in denen verschiedene Tages- und Wochenzeitungen zur gefälligen Lektüre ausliegen. In *Nebel* können Sie die Zeitung auch mit in den kleinen Park vor der Tür nehmen – aber brav zurückbringen! → S. 66

● *Freiluftmuseen*
Wie schön, dass Friedhöfe keinen Eintritt kosten: So können Sie sich so oft Sie wollen in die Lebensgeschichten von Kapitänen und Walfängern vertiefen. Einige der schönsten „sprechenden" Grabsteine (Foto) stehen auf dem *Friedhof von St. Laurentii* in Süderende → S. 45

● *Inselgeschichte(n)*
Auf den Inseln gibt es eine Reihe von Museen, die keinen Eintritt verlangen. So auch das *Inselmuseum* auf Pellworm. Im ersten Stock der Touristinfo wartet Sehenswertes hinter Glas und in Schubladen. Bitte übersehen Sie den Spendentopf nicht, das Museum hat es verdient → S. 75

●●●● Diese Punkte zeichnen in den folgenden Kapiteln die Best-of-Hinweise aus

TYPISCH FÖHR UND AMRUM
Das erleben Sie nur hier

● **Wattwanderungen**
Auf einer Wanderung im Watt spüren Sie bis in die Fußsohlen, warum dieses Ökosystem so schützenswert ist. Hochinteressante Führungen durchs Welterbe bietet die *Schutzstation Wattenmeer* u. a. auf Pellworm an → S. 76

● **Krabben, knackfrisch**
Gepulte Krabben aus dem Laden oder noch „in Schale" direkt vom Fischer? Den Unterschied schmeckt man sofort, probieren Sie's aus: In Steenodde z. B. können Sie die schmackhaften Krustentiere frisch vom *Kutter „Butjadingen"* kaufen → S. 62

● **Reetgedeckte Friesenhäuser**
Geborgenheit strahlen sie aus, die knuffigen Katen und Kapitänshäuser mit ihren Dächern aus Reet, Klöntür und alten Rosenstöcken im Vorgarten. In *Nieblum* sind besonders viele dieser liebevoll gepflegten alten Häuser erhalten → S. 35

● **Vogelzug**
Im Frühjahr und im Herbst sind das Wattenmeer und der Himmel darüber Schauplatz eines besonders beeindruckenden Spektakels: Millionen von Zugvögeln rasten dann hier. Die Halligen widmen einer Vogelart sogar ein ganzes Event: die *Ringelganstage* → S. 92, S. 118

● **Strandleben**
Erst aufs Brett, dann baden und anschließend im Strandkorb relaxen – einen abwechslungsreichen Strandtag versprechen Surfschulen mit angeschlossener Beachbar wie die *Surf- und Segelschule Amrum* → S. 113

● **Fahrradfahren**
Das Radwegenetz auf den Inseln ist so hervorragend ausgebaut, dass das Rad – trotz gelegentlichen Gegenwinds – das ultimative Urlaubsverkehrsmittel ist (Foto). Den Beweis dafür liefern z. B. die *thematisch gestalteten Fahrradtouren* auf Föhr und Pellworm → S. 112

● **Biike-Brennen**
Am 21. Februar vertreiben die Friesen den Winter. Dann lodern auf den Inseln die *Biike-Feuer,* um die man sich versammelt: ein erwärmendes Gemeinschaftserlebnis mit Reden auch auf Friesisch, Köm und Grünkohl – und immaterielles Weltkulturerbe! → S. 118

TYPISCH

BEST OF ...

SCHÖN, AUCH WENN ES REGNET
Aktivitäten, die Laune machen

● **Spiel, Sport & Kultur**
Nicht nur für junge Leute hat man auf den Inseln überdachte Freizeitanlagen geschaffen. Der *Pellwormer Danzsool* am Kaydeich z. B. wird auch für Veranstaltungen aller Art genutzt – vom Kunsthandwerkermarkt bis zur Ausstellung → S. 78

● **Kino mit Kultcharakter**
Für viele Amrum-Urlauber ist ein Kinobesuch Pflicht. Denn das Kino *Lichtblick* in Norddorf verzaubert nicht nur an Regentagen mit bequemen Sitzen, aktuellen Filmen, Popcorn und Eiskonfekt → S. 68

● **Galeriebesuche**
Überall auf den Inseln haben Künstler und Kunsthandwerker ihre Ateliers. Im Sträßchen Süden auf Nordstrand liegen gleich drei Galerien nah beieinander, eine davon hat das richtige Motto für Regentage – *Lat di Tied* (Lass dir Zeit) → S. 83

● **Was für ein Theater**
Ob im Rahmen des „Literatursalons Föhr" oder einfach nur so – Föhrer Kulturschaffende tun viel, um trübe Tage und Abende mit Lesungen, Theater und Musik zu erhellen. Tatorte sind meist der *Kurgartensaal* oder die *Alte Druckerei* in Wyk → S. 50, 55

● **Waldspaziergang**
Wald ist im Wattenmeer eher die Ausnahme, doch auf Amrum können Sie auch bei Regenwetter einen immerhin 7 km langen Spaziergang unter Bäumen unternehmen – aber Mütze aufsetzen, falls es durchs Baumdach tröpfelt! → S. 58

● **Museumstag**
Endlich regnet's, endlich Zeit, die Meisterwerke im *Museum Kunst der Westküste* (Foto) in Alkersum mit der gebotenen Muße zu genießen. Für kulinarischen Genuss sorgt danach Grethjens Gasthof → S. 41

ENTSPANNT ZURÜCKLEHNEN
Durchatmen, genießen und verwöhnen lassen

● *Auf den Wellen schaukeln*
Das Plätschern der Wellen, das Knarren der Takelage, den Wind im Gesicht – und Sie fühlen sich genauso pudelwohl wie die Seehunde, die Sie bei einer *Fahrt mit der „Ronja"* beobachten können → S. 125

● *Das Meer in der Badewanne*
Wenn Sie auch im Urlaub mal eine Auszeit nehmen wollen, dann legen Sie doch einen „Thalasso-Tag" ein: Die Angebotskombinationen des *Aquaföhr* in Wyk lassen keinen Wellnesswunsch offen → S. 54

● *Meerblick mit Mehrwert*
Aufs Meer schauen und träumen: Das geht auf den Inseln überall. Besonders entspannend ist es in einem der Cafés auf dem *Sandwall,* Wyks Promenade, bei einem Drink und mit Blick auf Langeneß → S. 50

● *Rundum-Wohlfühl-Pakete*
Zeigt sich die Nordsee von ihrer rauen Seite, dann suchen Sie das *Amrum-Badeland* in Wittdün auf: Genießen Sie ein Rasul-Schönheitsbad, oder entschlacken Sie mit Meeresalgen → S. 71

● *Orgelkonzerte*
In vielen Inselkirchen ist regelmäßig stimmungsvolle klassische Orgelmusik zu hören. So auch bei den Sommerkonzerten auf der Arp-Schnitger-Orgel in Pellworms *Alter Kirche* – Balsam für die Seele! → S. 118

● *Kutschfahrt*
Die Sonne scheint, ein Lüftchen weht, und Sie lassen sich von zwei PS durchs Watt kutschieren: Die *Fahrt von Nordstrand zur Hallig Südfall* (Foto) ist ein entschleunigendes Erlebnis → S. 85

● *Friesischer Nachmittag*
Kaffee mit einem Schuss Rum und einem Sahnehäubchen: Das ist der „Pharisäer". Im *Pharisäerhof* auf Nordstrand soll er erfunden worden sein. Dazu ein Stück Friesentorte im lauschigen Garten, und Sie werden länger bleiben wollen → S. 83

AUFTAKT

ENTDECKEN SIE FÖHR UND AMRUM!

„Wie Träume liegen die Inseln im Nebel auf dem Meer" – so beschrieb der Dichter Theodor Storm den **Blick auf die Halligen.** Ganz anders bei klarer Luft, dann erscheinen sie gestochen scharf, zum Greifen nah. So dicht beieinander liegen die Inseln und sind doch so verschieden: Nordstrand – fast noch Festland, Pellworm – die Häuser hinterm Deich, die Halligen – winzig zum Teil, verloren im Meer, Amrum – Dünen, breiter Strand, Föhr – blühende Wiesen, bildhübsche Friesendörfer. Alle *umgeben vom Wattenmeer,* dem Welterbe und einzigartigen Naturraum.

Viele Touristen sind dabei genauso glühende Lokalpatrioten wie die Insulaner selbst und lassen auf „ihre" Insel nichts kommen: Föhr-Fans schwören auf einen gemütlichen Dorfbummel, auf verträumte Stunden in einem Café mit Meerblick und auf eine Radtour oder einen ausgiebigen Marsch durch die Marsch. Eingefleischte Amrum-Urlauber lieben die *Dünenlandschaft* „ihrer" Insel – für sie geht nichts über einen Strandtag auf dem Kniepsand oder einen langen Spaziergang am Flutsaum. Pellworm- und Nordstrand-Liebhaber freuen sich aufs Wattwandern und aufs Radfahren am Deich und durch die Felder, während für Hallig-Freunde das unmittelbare Erleben der Natur auf der Urlaubsagenda an erster Stelle steht.

Bild: Hafen, Pellworm

Erhöht den Erholungseffekt: im Strandkorb sitzen und aufs Meer statt aufs Handy schauen

Vollkommen einig aber sind sich alle Inselurlauber in einem: Ferien ohne Wattenmeer, ohne Nordsee sind keine Ferien. Wer hier ein, zwei, drei Wochen verbringt oder auch nur ein paar Tage, der kommt wegen der *immer frischen, salzhaltigen Luft*, der will das Weltnaturerbe Wattenmeer erleben: barfuß im Watt wandern, vor Wind und Sonne geschützt im Strandkorb sitzen, Muscheln sammeln, im Sommer in der sanften Brandung baden und im Winter am Strand spazieren gehen. Das – zumindest auf Föhr und Amrum – vielfältige kulturelle Angebot ist eine willkommene Abwechslung bei so viel Naturerlebnis.

Für Abwechslung ganz anderer Art, nämlich geologischer, sorgt seit Urzeiten die Nordsee. So besitzen die Inseln und Halligen erst seit rund 500 Jahren ihre heutige Gestalt. Und Wind und Meer modellieren bis heute weiter an ihrer Form, genauso wie sie das Wattenmeer selbst *unablässig umgestalten*. Was u. a. daran zu beob-

3000–1000 v. Chr.
Megalithgräber aus der Jungsteinzeit und bronzezeitliche Grabfunde belegen erste Besiedlungen von Föhr und Amrum

8.–10. Jh.
Friesen aus dem Westen und Wikinger aus dem Norden siedeln auf den Inseln

1231
Erste urkundliche Erwähnung Föhrs und Amrums, das zu Dänemark gehört

Jan. 1362
Marcellusflut: Bei der „Großen Mandränke" kommen über 10 000 Menschen um

1426
In St. Nicolai auf Föhr beschließen die Nordfriesen

achten ist, dass ein- bis zweimal im Jahr die Pricken – junge Birken, die die Fahrrinnen für die Fähren und Ausflugsschiffe markieren – umgesetzt werden müssen. Die Geestrücken von Föhr, Amrum und Sylt bestehen aus Geröll und Gestein, das *eiszeitliche Gletscher* vor sich herschoben – der allmähliche Anstieg des Meeresspiegels schuf dann diese drei Inseln, die seit etwa Christi Geburt vom Festland getrennt sind. Bestandteil des Festlands waren auch Pellworm, Nordstrand, Nordstrandischmoor und die Hamburger Hallig, bis am 16. Januar 1362 die „Große Mandränke" kam: Die Marcellusflut kostete Zigtausende Menschen und Tiere das Leben und ließ neue Inseln entstehen. Ungefähr dort, wo heute die Hallig Südfall liegt, *ging die legendäre Stadt Rungholt unter*, und die große Insel Strand entstand. Keine 300 Jahre später, am 12. Oktober 1634, schlug dann die Burchardiflut zu und zerriss die Insel Strand. So entstanden Pellworm und Nordstrand, und über dem untergegangenen Land bildete sich nach und nach Watt.

Vom 11. bis zum 18. Jh. trugen übrigens auch die Insulaner tüchtig zum Landverlust bei: In der vom Salzwasser getränkten Marsch bauten sie nämlich den sogenannten Seetorf ab und verbrannten ihn, um das Salz zu gewinnen. Weil die Landwirtschaft auf dem unfruchtbaren Geestboden und den ständig unter Wasser stehenden Marschen – Deiche im heutigen Sinne gab es ja noch nicht –, nur wenig

> **Die Insulaner trugen zum Landverlust bei**

Ertrag brachte, bot die Salzsiederei eine Alternative. Doch der Torfabbau und die Entwässerung der Marsch ließen das Land absacken und begünstigten damit Schäden

zum ersten Mal Gesetze in Schriftform

Okt. 1634
Burchardiflut: Über 8000 Menschen ertrinken. Die Insel Strand wird zerschlagen, Nordstrand, Pellworm und einige Halligen entstehen

Mitte 17.–Mitte 18. Jh.
Der Walfang macht viele Friesen reich

19. Jh.
Tausende Inselfriesen wandern aus in die Neue Welt

1819
Wyk wird Seebad

Feb. 1962
Sturmflut: Alle Inseln und Halligen werden schwer getroffen

durch jede hoch auflaufende Flut und natürlich durch Sturmfluten. Pellworm und Nordstrand liegen großteils unter dem Meeresspiegel und würden ohne Deiche vom Meer verschlungen, aber auch Föhr und Amrum sähen ohne stellenweise Eindeichung ganz alt aus.

Von der Mitte des 17. Jhs. bis ins frühe 19. Jh. war dann die Seefahrt die Haupterwerbsquelle der Insulaner, vor allem der Walfang. Und wem war das zu verdanken? Den Holländern. Die brauchten gute Seeleute und Harpuniere, um im nördlichen Eismeer Wale und Robben zu jagen, und fanden sie auf den Nordfriesischen Inseln. Über alle Meere fuhren die Inselfriesen in dieser Zeit und *brachten die weite Welt und Wohlstand mit nach Hause* – vor allem die Walfänger verdienten so viel, dass die Historiker vom „goldenen Zeitalter" sprechen. Die enge Beziehung zu den Holländern dokumentieren noch heute die blau-weiß gekachelten Wände in den alten Friesenhäusern.

Anfang des 19. Jhs. war es mit der Herrlichkeit vorbei. Die Napoleonischen Kriege brachten die Handelsschifffahrt zum Erliegen, und der Krieg zwischen Dänemark und England – die Inseln waren ja großteils dänisch – setzte auch *dem Walfang ein Ende*, den nun die Engländer dominierten. Die Inselfriesen gerieten in ernste wirtschaftliche Not, und viele von ihnen wanderten nach Amerika aus. Als dann die Inseln nach dem deutsch-dänischen Krieg 1864 an Preußen fielen, folgten ihnen noch mehr Insulaner, vorwiegend

> **Im 19. Jh. wanderten viele Inselfriesen nach Amerika aus**

junge Männer, von denen viele in New York hängen blieben. Wie eng die Verbindung dorthin noch heutzutage ist, zeigte sich nach den Terroranschlägen vom 11. September 2001. Vereine und Unternehmer von Amrum, Föhr und Sylt taten sich zusammen und luden 50 New Yorker Feuerwehrleute zur Erholung ein.

Mitte des 18. Jhs. war mit der Eindeichung der Inseln begonnen worden, sodass es möglich wurde, von Ackerbau und Viehzucht zu leben. Und die Landwirtschaft spielt – sieht man von Amrum ab – auch heute eine wichtige Rolle, Hauptdarsteller dabei ist das *Schaf*. Es liefert nicht nur Fleisch und Wolle, sondern ist auch im Inselschutz tätig: Auf den Deichen hält es das Gras kurz und tritt den Boden fest.

1985
Einrichtung des Nationalparks Schleswig-Holsteinisches Wattenmeer

2011
Das deutsche und niederländische Wattenmeer werden Unesco-Weltnaturerbe, 2014 auch das dänische

2013
Pellworm wird Modellregion für die Energiewende

Okt. u. Dez. 2013
Die Orkane „Christian" und „Xaver" verursachen schwerste Schäden im Baumbestand der Inseln

2016
In Wyk Baubeginn des ersten großen Luxushotels/ Wellnessresorts auf Föhr

Ab Anfang des 19. Jhs. erschlossen sich die findigen Inselfriesen allmählich eine neue Einkommensquelle: den „Badebetrieb". Wobei die Entwicklung zu Badeorten auf den einzelnen Inseln durchaus unterschiedlich verlief. Zuerst kamen Maler und Schriftsteller nach Föhr und Sylt, ließen sich von den Wellen der Nordsee und *dem weiten Himmel über den Inseln* inspirieren. Und als Ärzte den Wert des insularen Nordseeklimas für die Gesundheit erkannten, machte Föhr den Vorreiter und errichtete 1819 in Wyk das erste Badehaus – in der ersten Saison kamen gerade mal 61 Badegäste. Dann aber machte Dänemarks König Christian VIII. Mitte des 19. Jhs. mehrmals Sommerurlaub in Wyk, was der neuen Branche einen ordentlichen Schub gab. Konkurrenz bekam Wyk erst 1855, als auch in Westerland auf Sylt ein Bad eingerichtet wurde.

Heute sind aus Fremdenzimmern, die einst nach dem Motto „Kuh raus, Kurgast rein" entstanden, längst Ferienapartments und -häuser geworden, von denen viele auch für Familien konzipiert sind. Das Angebot reicht von der einfachen Wohnung bis zum komfortablen Bungalow. Pensionen und Hotels gibt es relativ wenige, doch wird auf Föhr ein weiteres Hotel gebaut, weil immer mehr Gäste *Kurzurlaub* auf der Insel machen, ganzjährig angelockt durch spezielle Angebote, *kulturelle und sportliche Events*. Und so sind die Inseln auf gutem Weg, Sylt als „Lieblingsinsel der Deutschen" den Rang abzulaufen: Abgeschreckt von Menschenmassen und Autoschlangen im Sylter Sommer wenden sich immer mehr Stammgäste und potenzielle Ferienhauskäufer Föhr und Amrum zu, sodass man auf Föhr schon von einer drohenden „Syltifizierung" spricht. Ob es so weit kommt, darf bezweifelt werden. Noch jedenfalls finden Urlauber auch auf Föhr und Amrum genau das, was sie suchen: Natur pur und Ruhe allerorten.

Von April bis Oktober bringen Sie Ausflugsschiffe regelmäßig zu allen Zielen im und am Wattenmeer. Über die größte Nordfriesische Insel informiert Sie der MARCO POLO Band „Sylt". Die Attraktionen des Festlands bringt Ihnen der MARCO POLO Band „Nordseeküste Schleswig-Holstein" näher.

Stehen heute hoch im Kurs: reetgedeckte (Ferien-)Häuser

IM TREND

① And all that Jazz

Swing & Co. Föhr jazzt, und das nicht nur im Sommer! Angesagt sind Swing, Modern und Cool, aber auch Acid, World und Smooth. Das *Public Rehearsal Jazz Quartett (www. public-rehearsal.de)* spielt u. a. regelmäßig im *Kulturtreff (Feldstr. 36 | Wyk | Föhr)*. Geballt gibt es Jazz Ende Juli: Dann findet das sechstägige Festival *Jazz goes Föhr (www.jazzgoesfoehr.de)* mit internationalen Topmusikern und Nachwuchsjazzern statt.

Sand-Stein

Kunst im Großformat Was das Meer an den Strand spült, inspiriert viele Inselkünstler. Aus Treibholz und Glasflaschen, Plastikkanistern, Bojen und Surfbrettern hat *Otfried Schwarz*, Künstlername „Pancho", seine skurrile Burg auf dem Kniepsand errichtet *(bei Norddorf | Amrum) (Foto)*. *Markus Thiessen (Atelier in der Kurve am Ortseingang von Süderende | Föhr)* dagegen arbeitet mit Stein: Er fertigte u.a. den Gezeitenbrunnen am Wyker Sandwall und die Wyker Stadtsäule auf dem Dreiecksplatz in der Mittelstraße, die die Ortsgeschichte erzählt.

②

Chillen am Meer

③

Sundowner Zum Sonnenuntergang pilgern nun auch Insulaner an den Strand, um bei einem Drink den Tag zu verabschieden. Im *Pitschi's (Promenade 13)* und in *Schapers Bistro (Promenade 20) (Foto)* direkt am Wyker Südstrand trifft sich tout Föhr. Für die Amrumer sind der *Strandpirat (Strunwai 44 | Strandübergang)* in Nebel oder – mit Open-Air-Weinlounge – das *Strand 33 (Strunwai 33 | Strandübergang)* in Norddorf das Lounge-Ziel. Auf Pellworm steuert man die Terrasse des kultigen Imbiss-Bistros *Hooger Fähre (Hooger Fähre 5 | Strand-/Deichübergang beim Gasthaus)* an.

Föhr spricht Friesisch

Fering Die friesische Sprache muss erhalten bleiben! Das haben sich die Föhrer auf die Fahne geschrieben. Und sie haben Erfolg damit: Im *Friisk Funk (Mo–Fr 8–10 Uhr | www.friiskfunk.de)* informiert die Föhrerin Heike Volkerts – auf Friesisch natürlich und unterstützt von drei Redakteurinnen – über Inselneuigkeiten und interviewt Persönlichkeiten mit Bezug zur Region. Besonders schön: Auch viele Kinder und Jugendliche sprechen diese uralte Sprache. In der Gemeinschaftsschule *Eilun Feer Skuul (www.efs-foehr.de)* ist Föhrer Friesisch, das Fering, Pflichtfach und seit 2012 auch Abiturfach; Gymnasiasten übersetzen Gedichte und Geschichten ins Friesische. Und an der Uni in Kiel kann man sogar Friesische Philologie studieren. Unterstützt wird diese Sprachpflege u. a. von der *Ferring-Stiftung (www.ferring-stiftung.net),* die sich zum Ziel gesetzt hat, die nordfriesische Kultur zu bewahren.

Sport am Strand

Mit dem Wind Früher hieß es Strandfußball, heute erfreut es sich als Beachsoccer *(Foto)* wieder großer Beliebtheit. Möglichkeiten, im Sand Ball und Gegner laufen zu lassen, gibt es auf Föhr und Amrum. Der Strand ist auch das Terrain der Kitebuggy-Fahrer. Die *Nieblumer Windsurfing Schule (Nieblumer Strand | Föhr | www.nws-foehr.de)* bietet Kitebuggy-Kurse für Einsteiger an und ermöglicht selbst Rollstuhlfahrern die rasante Fahrt durch den Sand. Den Wind schätzen auch die Drachenlenker, die sich ihre Himmelsstürmer z. B. im *Drachenshop Föhr (Große Str. 32 | Wyk)* oder im *Drachenland (Lunstruat 3 | Norddorf | Amrum | www.amrumer-fahrradcenter.de)* besorgen.

FAKTEN, MENSCHEN & NEWS

EBBE & FLUT

Selbst im – immer zu kurzen – Sommerurlaub werden Sie es mitbekommen: Nichts bestimmt das Leben auf den Inseln mehr als der Wind und das Meer, als der ewig gleiche Wechsel zwischen Ebbe und Flut, die Gezeiten. Abhängig von den gerade herrschenden Anziehungskräften zwischen Sonne, Mond und Erde steigt der Wasserspiegel etwa sechs Stunden lang (Flut), um dann in etwa weiteren sechs Stunden wieder zu fallen (Ebbe), diesen Rhythmus (im Schnitt sind es 12,25 Stunden) nennt man Tide.

Hochwasser gibt's also im Verlauf eines Tages zweimal – was übrigens nicht bedeutet, dass das Festland überflutet wird: Wenn das passiert, muss ordentlich westlicher Wind dazukommen, und es handelt sich um eine Sturmflut. Bei Hochwasser steht z. B. im Wyker Hafen das Wasser ca. 2,90 m höher als bei Ebbe – das nennt man Tidenhub. Niedrigwasser gibt's folgerichtig auch täglich zweimal, dann liegt das Wattenmeer beinahe trocken da. Nur die Priele – tiefe, oft auch breite Rinnen im Watt mit einer starken Strömung – führen dann noch Wasser. Was beim Spaziergang im Watt zu beachten ist, steht auf S. 140.

FLÜGEL & FLOSSEN

Die Inseln und Halligen sind dank ihrer Lage im nahrungsreichen Wattenmeer ein Schlaraffenland für viele Vogelarten. Dabei sind Möwen – groß und aufdringlich die Silbermöwe, klein und

Wissenswertes über Nordfriesen und das Wattenmeer, reetgedeckte Häuser, Tausende Vögel und eine seltene Sprache

laut die Lachmöwe – keineswegs die interessantesten Flieger. Eleganter sind da schon die Seeschwalben; hübscher der Kiebitz mit seinem eleganten Schopf und der rotschnäbelige, schwarz-weiße Austernfischer. Gänse und Enten sind in vielen Arten vertreten, am auffälligsten ist sicherlich die farbenprächtige Brandgans. Aber auch Küsten- und Zwergseeschwalbe und viele Watvögel wie Rotschenkel, Säbelschnäbler und Uferschnepfe haben auf den Inseln eine Heimat, und auf Amrum findet man eine recht große Brutko-lonie von Eiderenten, die ihre Küken mit großer Selbstverständlichkeit quer über die Insel ins Wattenmeer führen.

Auf den Sandbänken im Watt haben Seehunde und Kegelrobben ihre Ruheplätze. Einen weiteren Meeressäuger kann hier antreffen, wer geduldig Ausschau hält: Vor Amrum und Sylt liegt die Kinderstube der Schweinswale.

Im Frühling und im zeitigen Herbst rasten Millionen von Zugvögeln auf den Salzwiesen und in den Watten – ein unvergleichliches Schauspiel!

FRIESENHAUS

Mit „Urlaub unter Reet" werben die Tourismusagenturen, mit „Wohnen unter Reet" die Immobilienmakler. Doch die überall neu hingestellten Doppelhäuser „im Friesenstil" haben außer dem aufgestülpten Reetdach nichts mit dem ursprünglichen Friesenhaus gemein, das so gemütlich aussieht und das glücklicherweise auch heute noch den Charme fast aller Inseldörfer ausmacht.

Besondere Kennzeichen: das tief herunterreichende dicke Reetdach, das das Haus im Winter isoliert und im Sommer kühlt. Auch der mit Grassoden befestigte First ist noch oft zu sehen. Der „Brandgiebel" über dem als Erker gestalteten Hauseingang sorgt bei Feuer für einen sicheren Fluchtweg, weil das brennende Reet seitlich runterfällt. Recht kleine Sprossenfenster – es soll ja keine Wärme entweichen im Winter. Deko-Elemente sind schwarzeisern geschmiedete Maueranker: Baujahr des Hauses und/oder Initialen der Besitzer. Die Eingangstür ist das Schmuckstück – sorgsam getischlert, vielfach verziert, dezent oder bunt bemalt – ganze Fotobücher nur über nordfriesische Haustüren sind erschienen! Die Gartentür heißt Klöntür: in der Mitte waagerecht geteilt, beide Teile auch getrennt zu öffnen. So kann man sich auf den unteren Teil gemütlich aufstützen, ohne dass Hühner oder Mäuse ins Haus schlüpfen können, und mit dem Nachbarn plauschen (plattdeutsch: klönen).

FRIESISCH

Die zweisprachigen Ortsschilder zeigen es deutlich: Friesisch ist – genau wie Plattdeutsch – eine eigenständige Sprache und kein Dialekt wie z. B. Schwäbisch. Sie lässt sich bis ins frühe 8. Jh. zurückverfolgen und ist am ehesten noch mit dem Englischen vergleichbar. Weil die Dialekte des Friesischen – es gibt mehr als zehn – recht unterschiedlich sind und Friesisch niemals eine Schriftsprache war, wurde im Lauf der Zeit Plattdeutsch zur Alltagssprache. Um das Friesisch aber zu erhalten, hat man an den Unis von Kiel und Flensburg Lehrstühle geschaffen, und in etlichen nordfriesischen Schulen ist Friesisch Unterrichtsfach. Mit Erfolg: In einigen Gemeinden Föhrs und Amrums ist es schon wieder Alltagssprache – bei Alt und Jung. So sprechen auf Föhr etwa 3000 Menschen Fering, auf Amrum beherrschen noch etwa 600 Leute Öömrang. Wollen Sie mehr wissen? Dann geben Sie unter *www.foehr. de* „Fering" in die Suchmaske ein, und Sie erfahren etwas übers Föhrer Friesisch, Traditionen und Namen.

GRABSTEINE

„Redende Steine" werden sie genannt, und tatsächlich erzählen sie oftmals die ganze Lebensgeschichte der Verstorbenen: die sorgsam behauenen und verzierten Grabsteine auf den Friedhöfen von Nebel, Nieblum, Süderende und Boldixum, die dadurch auch so etwas wie ein historisches Open-Air-Museum sind. Da der Platz auf den Steinen begrenzt war, haben die Steinmetze von einst vieles über Symbole erklärt. Beispiel gefällig? Abgeknickte Blumen stehen für früh Verstorbene. Erklärungen zu den Inschriften und der Symbolik gibt es im örtlichen Buchhandel, in den Touristinfos und den Kirchen. Eine Bitte an alle, die nun neugierig geworden sind: Seien Sie beim Entziffern respektvoll, es gilt das schöne Wort „Friedhofsruhe".

MOIN

Wundern Sie sich nicht, wenn Sie auf Ihrer Urlaubsreise zu jeder Tages- und Nachtzeit mit einem mehr oder weniger munteren „Moin" begrüßt werden. Das ist guter Brauch. Ob es sich nun um ein verkürztes „Morgen" oder „Morjen" handelt, sich die Nordfriesen also zu jeder Tageszeit einen „guten Morgen" wünschen, oder ob sich das Moin vom friesischen „moi" (gut, schön) ableitet – darüber streiten die Gelehrten. Antworten Sie einfach mit demselben Gruß, nur sagen

Fläche von 4410 km² zum Nationalpark erklärt wurde – Deutschlands größtem. Zwischen 2009 und 2014 erhielten dann das niederländische, das deutsche und das dänische Wattenmeer auch den Status eines Unesco-Welterbes. Auf allen Inseln und Halligen erfahren Sie in

Üppig blühende Rosenstöcke gehören zu einem Friesenhaus wie Reetdach und Klöntür

Sie nicht „Moin, moin" – das ist eher Touristenfriesisch.

NATIONALPARK WATTENMEER

Das Watt vor der Nordseeküste ist eine weltweit einzigartige Meerlandschaft – mit einer ebenso einzigartigen ökologischen Bedeutung, die weit über seine Grenzen hinausreicht. Bis zu 10 000 Lebewesen können in einem Kubikmeter Watt vorkommen, und für mehr als 1500 Tierarten ist das Wattenmeer Lebensraum und Nahrungsquelle, von Wattwurm und Miesmuschel bis hin zu Uferschnepfe und Seehund.
Kein Wunder also, dass das schleswig-holsteinische Wattenmeer 1985 auf einer

den *Informationszentren Nationalpark Schleswig-Holsteinisches Wattenmeer* (*www.wattenmeer-nationalpark.de*) mehr dazu. Ein verantwortungsvoller Umgang mit dem sensiblen Ökosystem Wattenmeer ist eine Aufgabe auch für kommende Generationen: Das *Nationalpark-Zentrum in Wyk auf Föhr* (s. S. 116) informiert dazu mit einer sehenswerten Erlebnisausstellung; die ⬤ *Schutzstation Wattenmeer* bietet auf Föhr, Amrum und Pellworm eine Fülle verschiedener Veranstaltungen und Führungen durch die einzigartige Natur des Weltnaturerbes an: Adressen, Treffpunkte etc. unter *www.schutzstation-wattenmeer.de*. Bitte denken Sie bei einer solchen Veranstaltung daran, die Arbeit der großenteils ehren-

Sieht leichter aus, als es ist: im Vorbeireiten Ringe aufspießen

„Eingewandert" ist die Rosa rugosa, die Kartoffelrose. Sie blüht in Pink oder Weiß, duftet himmlisch und wächst so gut wie überall. Sogar im Spätsommer ist sie mit ihren orange leuchtenden Hagebutten ein schön anzusehender Teil des insularen Landschaftsbilds geworden.

R INGREITEN

Sir Lancelot heißt bei diesem traditionellen friesischen Reiterspiel beispielsweise Gerd Ohlsen. Und der ist mit seiner 2 m langen Lanze ungleich geschickter als einst der edle Ritter. Er muss mit ihr nämlich an einem Gerüst aufgehängte Ringe verschiedener Größen (25 mm bis hinunter zu 12 mm Durchmesser!) aufspießen – und das mehr oder weniger im Galopp. Das Zuschauen bei den Turnieren macht großen Spaß, und spätestens beim Finale wissen Sie auch, was ein „Blindstecher" ist ...

U MWELTSCHUTZ

Öl- und Wachsverschmutzungen im Watt durch illegale Entsorgung auf See, Dünnsäureverklappung, Erdölbohrungen im Wattenmeer, Offshore-Windparks, Plastikmüll im Meer und an den Stränden – das sind Probleme und Projekte, die für die Inselbewohner, die zudem auf Touristen angewiesen sind, eine konkrete existenzielle Bedrohung darstellen. Daher ist Umweltschutz auf den Inseln sehr viel mehr als anderswo auch Selbstschutz. Mülltrennung, Flaschen statt Dosen, Stofftaschen statt Plastiktüten – all das wurde hier schon früh propagiert und großteils auch praktiziert. Auch hat sich die ◉ Wyker Dampfschiffs-Reederei eine eigene Umweltcharta gegeben, und die drei neuen Fähren tragen das Umweltsiegel „Der Blaue Engel". Außerdem versucht man, durch gute Radwege und attraktive Angebote für Fahrradfahrer oder Angebote wie das „Vogelfrei-

amtlichen Mitarbeiter mit einer Spende zu unterstützen – das tut dem Watt gut!

Q UELLER & ROSEN

Watt, Dünen, Salz- und Marschwiesen: Die verschiedenen Böden bieten sehr viel mehr Pflanzenarten Lebensraum, als man vermuten würde, aber – nur die Harten komm'n in Garten! Anspruchslos und widerstandsfähig müssen sie sein, wie im Watt der Queller (längst auch als Gemüse entdeckt!) oder in den Dünen der im Sonnenlicht flirrende Strandhafer. Die Salzwiesen überschwemmt der Strandflieder im Hochsommer mit einem lila Blütenmeer, und die Marsch ist viele Monate mit den rosa Pompons der Grasnelke betupft.

Supermobil-Ticket" (Infos unter Anreise auf *www.foehr.de*) für Bahnreisende den Autoverkehr zu begrenzen.

Das Neuste: 2016 wurden an den Stränden und Deichen von Föhr und Hooge im Rahmen des UN-Projekts „Plastikfrei wird Trend" 🌍 INSIDER TIPP Strandmüllboxen aufgestellt, um auch die Touristen für dieses Thema zu sensibilisieren. Und noch eins: Auf Amrum und Föhr wird 🌍 Coffee-to-go vielfach in aufwendig gestalteten Mehrwegbechern ausgeschenkt. Und es wird natürlich auf Windenergie gesetzt: Auf Föhr stehen drei gigantische Windräder; auf Pellworm gibt es neun, dazu ein Solarkraftwerk. Und bei der Platzierung dieser Windmühlen wurde nachgedacht: Sie wurden dort errichtet, wo sie das Auge nicht mehr als nötig belästigen.

VOGELKOJEN

Wie erlegt man eine Ente, ohne sie mit Schrotkugeln vollzupumpen, auf denen man nachher herumkaut? Man lockt sie an und fängt sie ein, nämlich in einer Entenkoje, einem von einem dichten Wäldchen umstandenen Teich, auf dem schon ein paar Artgenossen schwimmen, die Lockenten. Durch „Pfeifen", netzüberspannte, sich verjüngende Kanäle, werden ihre wilden Kameraden dann in eine Reuse gelockt und dort durch „Ringeln", vulgo Halsumdrehen, schnell und schmerzlos getötet. Und wer hat's erfunden? Die Holländer. Die erste Föhrer Entenkoje, die Oevenumer, wurde 1730 angelegt – in ihr wurden bis weit ins 19. Jh. bis zu 12 000 Enten jährlich gefangen; der Wildentenfang war ein echter Wirtschaftszweig, inklusive Konservenfabrik in Wyk!

Insgesamt gibt es auf den Nordfriesischen Inseln 13 Entenkojen, sechs davon auf Föhr (s. S. 55), und dort werden in vier Kojen noch 100–250 Stockenten im Jahr gefangen. Die anderen Anlagen sind längst Naturdenkmal und Schutzgebiet für alles, was da kreucht und fleucht.

DIE KEHRSEITE DER MEDAILLE

Umweltfreundliche Energiegewinnung ist auf den Inseln schon lange Thema, Windräder und Solaranlagen belegen das. Dritte im Bunde der regenerativen Energien ist die aus Biomasse gewonnene. Und so gibt es je eine große Biogasanlage auf Föhr und auf Pellworm. Diese werden mit Gülle, Raps, Rüben – und zu 80–90 Prozent mit Mais „gefüttert", weil er anspruchslos, krankheitsresistent und ertragreich ist, außerdem bindet er hervorragend das zur effizienten Energiegewinnung nötige Methan. Die Nachteile des Anbaus dieses sogenannten Energiemaises: Verlust artenreichen Grünlands, Auslaugen des Bodens durch Monokultur, Rückgang des Grundwasserspiegels, Trinkwasserschädigung durch Düngung. Obwohl es längst einen Überschuss bei der Stromproduktion gibt und die Anlagen daher nicht ausgelastet sind, werden weiter Felder mit Mais bebaut, weil der Anbau qua Erneuerbare-Energien-Gesetz (EEG) hoch subventioniert wird. Erstaunte bis verärgerte Reaktion von Touristen: „Man kann ja gar nicht mehr weit gucken!?" Kein Wunder, wenn im Sommer Plantagen mit übermannshohen Maispflanzen den Meerblick verstellen.

ESSEN & TRINKEN

Menschen, die mitten im Meer leben, müssen Tag für Tag hart arbeiten, um ihre Existenz zu erhalten, deswegen muss das, was auf den Tisch kommt, gehaltvoll, nahrhaft, deftig sein: Das ist die kulinarische Grundstimmung auf den Inseln.

Die hat sich durch die verbesserten Lebensumstände der Insulaner und die Ansprüche der Touristen natürlich längst verändert – glücklicherweise jedoch nicht so ganz. Schließlich sind die Produkte, die den Köchinnen und Küchenchefs auf den Inseln gestern wie heute zur Verfügung stehen, von fast *einzigartiger Qualität!* Und so ist es kreativen Köchen, von denen nicht wenige vom Festland oder aus Rest-Europa kommen, überall gelungen, die einstmals nur der

Sättigung dienende Inselküche mit neuen Ideen *vom Deftigen ins Leichte* zu überführen.

Kommen wir aber nun zur wichtigsten Frage: „Und was gibt's denn so?" Dass frische Meeresluft den Appetit fördert, ist unbestritten. Und daher sind ein Strammer Max (Schwarzbrot mit Schinken, obendrauf Spiegelei) oder ein Matjes „Hausfrauenart" (gewürfelter Matjes mit Zwiebel- und Apfelstücken in einer Schmand-Sahne-Sauce) mit Pellkartoffeln nach einem ausgedehnten Spaziergang am Strand dem Wohlbefinden zuträglicher als, sagen wir mal, ein Sushi-Häppchen. Häppchen? *Häppchen gibt's nicht.* Das Sushi der Inseln sind Räucherfisch – von Aal bis Makrele – und Krabben (korrekt: Nordseegarnelen),

Krabbensuppe, Scholle, Salzwiesenlamm und als Dessert rote Grütze. Im Winter wärmen vitaminreicher Grünkohl und ein steifer Grog

mal solo, mal mit Mayo und Co. zwischen zwei Brötchenhälften geklemmt. Das nennt sich dann *Fischbrötchen* und ist ein echter Genuss, wenn das Brötchen frisch ist: Darauf sollten Sie unbedingt achten! Sushimäßig gesehen können Sie sich auch mal das *abendfüllende Abenteuer* gönnen, statt gepulter Krabben solche „in Schale" zu kaufen. Die sind erheblich (!) günstiger und allemal auch frischer als die gepulten. Kaufen Sie sie direkt vom Kutter oder beim Fischhändler: Wie man so ein Schalentier von sei-

nem Panzer befreit, wird man Ihnen bei höflicher Nachfrage gern demonstrieren. Mengenrichtwert: Um ca. 200 g Krabbenfleisch zu extrahieren, müssen Sie 500 g Krabben kaufen – plus 100 g zum Üben. Novizen unter den Krabbenpulern können sich auch beim Autor dieses Buchs Hilfe holen: arnd@schuppius.de. Eine weitere *Delikatesse aus dem Wattenmeer* sind die schwarzblau glänzenden Miesmuscheln, deren Schalen sich beim Köcheln öffnen und ihr wunderbar schmeckendes oranges Fleisch

Bohnen, Birnen und Speck – Kochbirnen, frische grüne Bohnen, geräucherter oder gebratener Bauchspeck, Salzkartoffeln – einzeln angerichtet

Eiergrog – mit Zucker und heißem Wasser aufgeschäumtes Eigelb, angereichert mit Rum nach Gusto

Fliederbeersuppe mit Grießklößen – heiße Suppe aus Holunderbeeren, in der die saftgetränkten Klöße schwimmen. Hilft garantiert bei Erkältungen

Friesentorte – mit Pflaumenmus gefüllter Blätterteig, obendrauf Schlagsahne

Grünkohl – winterliches Traditionsgericht mit Kochwurst, Kasseler, Schweinebacke und süß karamellisierten Bratkartoffeln

Köm – Kümmelschnaps

Krabbenbrot – der Klassiker: ein im Idealfall dick mit frischen Krabben belegtes Grau- oder Vollkornbrot, dazu Rühr- oder Spiegelei

Labskaus – Eintopf aus Stampfkartoffeln, Corned Beef, Gewürzgurken und Roten Beten. Dazu ein Spiegelei und ein Bismarckhering

Matjes – der in milder Salzlake gereifte junge Hering wird mit saurer Sahne, Zwiebeln und Äpfeln zu Pellkartoffeln oder Schwarzbrot gereicht

Porrenpann – Krabben (plattdeutsch: Porren) mit jungen Kartoffeln und Petersiliensauce

Rote Grütze – leicht angedicktes Dessert aus Johannis-, Erd- und Himbeeren, auch Kirschen, das mit flüssiger Sahne zum Hochgenuss wird (Foto re.)

Scholle – „Büsumer Art": mit Krabben drauf (Foto li.); „Finkenwerder Art": mit Speck gebraten

Teepunsch – heißer schwarzer Tee mit Köm und Kandis

Tote Tante – Kakao mit Rum und Sahnehaube. Die Schwester des Pharisäers

freigeben. Auch die – nur hier und da erhältlichen – wilden Austern aus dem Amrumer Wattenmeer sind ein wahrer Genuss! Ansonsten spielt der Fischfang im Wattenmeer eine eher untergeordnete Rolle. Das flache Wasser ist zwar die oft besungene „Kinderstube" sehr vieler Nordseefische, aber wachsen müssen sie schon noch, um Ertrag und damit Genuss zu liefern. Doch keine Angst: *Fisch aus Nord- und Ostsee* – von Kabeljau bis Knurrhahn – steht reichlich auf jeder insularen Speisekarte, er kommt aus deutschen Häfen oder aus Dänemark. Und wenn er dann z. B. als „Pannfisch" angeboten wird, handelt es sich um in der Pfanne gebratene Filetstücke verschiedener Fischsorten, oft mit Senf- oder Kräutersauce und Bratkartoffeln – unbedingt probierenswert!

Nun zum Fleisch: Natürlich gibt es Steaks und Co. vom Rind, oft vom Galloway oder z. B. vom „Husumer Weideochsen", aber in erster Linie müssen Sie auf den Inseln Lamm probieren. Auf den Speisekarten ist es als *Deichlamm oder Salzwiesenlamm* deklariert, je nachdem wo es sich den einzigartigen Geschmack seines Fleisches – zart und würzig – erfuttert. Längst haben die Inselbauern auch entdeckt, dass man nicht nur das Fleisch der Schafe vermarkten kann: So ist der **INSIDER TIPP** Föhrer Schafskäse, den es in etlichen Restaurants überbacken gibt, mit Tomaten und Lauchzwiebeln, eine echte Köstlichkeit. Auch Föhrer Ziegenkäse ist unbedingt zu empfehlen. Denn der *Trend zu nachhaltig produzierten Lebensmitteln* hat auch vor den Inseln nicht haltgemacht. Eigentlich kein Wunder, lebt man hier doch in einer rundum gesunden Region: Immer mehr Gastronomen bemühen sich darum, die 🌀 Rohstoffe für ihre Gerichte direkt vor der Tür oder zumindest vom nordfriesischen Festland zu besorgen, wo Bauern zunehmend Fleisch und Gemüse nach ökologischen Richtlinien produzieren.

Wer gut isst, muss ordentlich trinken, und auch da sind die Inselfriesen Spezialisten: Nach einem herzhaften Essen ist ein Schnaps beinahe Pflicht, bei Feiern wird er mit Limo oder Cola verlängert. An kalten Tagen fällt die Wahl schwer:

Rumgrog, Teepunsch oder der *berühmtberüchtigte Pharisäer*, quasi „Alkohol im Schlafrock", nämlich Kaffee mit reichlich Rum und als Deckmäntelchen eine Sahnehaube. Wie er zu seinem Namen kam, können Sie in den vor Ort erhältlichen Broschüren nachlesen oder sich beim Genuss desselben vom Wirt erzählen lassen.

Wichtig beim Genuss von Pharisäer: vor dem Trinken nicht umrühren!

Es geht aber auch ohne Hochprozentiges, logisch: Was den Engländern ihr Fünf-Uhr-Tee ist den Nordfriesen ihre *Kaffeezeit*, zu der nicht nur Kaffee (und natürlich Tee) schmeckt, sondern auch Backwerk. Bei Torten, Waffeln und süßem Gebäck kann niemand den Insulanern was vormachen. Egal, ob in der Dorfbäckerei oder im Café – das Etikett „selbst gebacken" verheißt (fast) immer uneingeschränkten Kuchengenuss.

EINKAUFEN

Lassen Sie sich ruhig in Versuchung führen, schließlich haben Sie Urlaub! Auf den Inseln ist das Angebot an geschmackvollen Accessoires für Haus und Garten vielfältig. Auf den Halligen ist das naturgemäß nicht so. Aber nahrhafte Souvenirs in 1-a-Qualität gibt es auch dort. Für viele Inselurlauber sind jedoch die am Strand gefundenen Muschelschalen und Schneckenhäuser das Allerschönste – ganz so wie früher.

BAUERNMÄRKTE & HOFLÄDEN

Überall finden von Mai bis Oktober Bauernmärkte statt – besonders nett sind auf Föhr der *Dorfmarkt (Do 10–12.30 Uhr)* in *Oevenum* mit Kunstgewerbe und Naturalien und der 🌿 *Bauernmarkt (Mi u. Sa 9–12 Uhr | Rathausplatz)* in *Wyk,* auf dem fast ausschließlich Föhrer Produkte verkauft werden.

Auf den Inseln und Halligen bieten viele Bauern ihre Produkte und oft auch Souvenirs in eigenen 🌿 Hofläden an. Die schönsten Läden sind auf Nordstrand die *Schäferei Baumbach* (s. S. 84), auf Pellworm der *Ütermarkerhof (ausgeschildert | www.bio-hof.de)*, auf Hooge der *Bingehof (Mitteltritt 3 | www.hallighofla*

den.de*) und auf Föhr z. B. *Kopp im Hof (Sandwall 10 | Wyk)*, die *Hofläden von Familie Hartmann (Hauptstr. 9 | Alkersum | www.foehrer-inselkaese.de)* und *Familie Nielsen (Taarepswoi 5 | Borgsum | www.bauernhof-nielsen.de)*. Empfehlenswert ist auch der **INSIDER TIPP** *Ziegenhof Matzen (Aussiedlungshof 7 | Oevenum | www.foehrer-ziegenkaese.de)* samt Laden.

BERNSTEIN

Gerade nach einer starken Flut können Strandläufer Bernstein am Flutsaum und im Watt finden. In den Läden präsentiert sich das „Gold des Nordens" oft in Form abenteuerlichster Kreationen – doch auch gut gemachter, hochwertiger Bernsteinschmuck ist erhältlich.

BILDER

Maler und Fotografen fühlen sich durch die faszinierende Landschaft, die raschen Lichtwechsel und oft bizarren Wolkenformationen zur Arbeit animiert. In den Galerien auf den Inseln und auf Hooge kann man neben den üblichen Postkartenmotiven auch künstlerisch wirklich beeindruckende Werke finden, als Druck wie auch als Original.

GOLD- & SILBERSCHMUCK

Gerade auf Föhr und Amrum haben sich in den letzten Jahren immer mehr Goldschmiede angesiedelt, die teils ausgefallenen Schmuck anfertigen, inspiriert von und kombiniert mit dem Material, das die Natur vor der Ateliertür liefert.

KERAMIK

Töpfereien gibt es in fast jedem Inselort. Von der Teetasse oder der Vase im traditionellen friesischen Grau-Blau bis zu gewagten Geschirrkreationen, vom Keramikhuhn bis zum tönernen Gartenzwerg wird die ganze Bandbreite der keramischen Kunst geboten.

LEIBLICHE GENÜSSE

Die Augen schließen, träumen und noch einmal den Geschmack des Inselurlaubs genießen? Nehmen Sie sich Marmelade, Tee oder Köm, Eierlikör nach traditioneller Rezeptur, Räucherfisch oder Muschelsuppe, Lammsalami oder -schinken mit. Die Produkte werden für den Transport eingeschweißt. Etwas Besonderes sind Biofleisch- und -wurstwaren von Rind und Lamm mit dem 🌐 **INSIDER TIPP** „Uthlande"-Siegel, die es auch in Supermärkten gibt. Eine Produzentenliste finden Sie unter *short.travel/foe7*.

RUND UMS SCHAF

Kuschelige Schaffelle sind ebenso wie Schafswolle – Natur oder gefärbt – ein Renner. Auf den vier Inseln wird zudem Kosmetik aus Schafsmilch verkauft, z. B. Seife und Körperlotion. Schafskäse und -joghurt eignen sich eher für den Genuss vor Ort; den Hartkäse von **INSIDER TIPP** *Familie Petersen (Hardesweg 49 | Wrixum)* können Sie jedoch mit nach Hause nehmen, die sehr gute Wurst sowieso. Produkte vom Schaf bekommen Sie auf Föhr z. B. auch im *Schäferlädchen (An der Marsch 23 | Midlum)*.

Friesenhäuschen und alte Bäume machen Nieblum zu einer – viel besuchten – Idylle

Im südlichen und westlichen Teil der Insel, auf dem flutsicheren Geestrücken, der vielerorts in die nicht sehr breiten Strände Föhrs übergeht, entstanden alle elf Inseldörfer. Südlich der Straße, die von Wyk über Midlum und Oldsum nach Dunsum führt, leben die allermeisten Föhrer. Jahrhundertelang war die Insel auch politisch geteilt: *Osterland*, der östliche Teil von Wyk bis Nieblum, gehörte zum Herzogtum Schleswig, während *Westerland*, der westliche Teil, genau wie Amrum von etwa 1400 bis 1864 dänisches Gebiet war. Diese Teilung wirkt bis heute nach, und zwar in der friesischen Sprache, dem Fering: In Westerland-Föhr wird ein anderer Dialekt gesprochen als in Osterland-Föhr; in Wyk ist Plattdeutsch die vorherrschende Sprache. Für die echten Fehringer sind die Wyker übrigens nur Zugereiste, obwohl die ersten Familien sich bereits vor rund 380 Jahren nach der Sturmflut 1634 in Wyk niederließen.

Heutzutage kommen immer mehr Gäste zur Sturmflutzeit, nämlich im Winter, und sowohl die zahlreichen Events als auch der schöne 27-Loch-Golfplatz und das Museum Kunst der Westküste ziehen zunehmend Kurzurlauber auf die Insel. Alte Bädervillen, umgebaut in hochwertige Apartmenthäuser im modernen Bäderstil sollen dieser neuen Klientel angemessene Unterkunft bieten. Auch wird Ende 2017 ein Vier-Sterne-plus-Wellnessresort mit Hotel, Apartments und Strandbar am Wyker Südstrand fertiggestellt sein, das die Insel für eine etwas betuchtere Klientel noch attraktiver machen soll. Wohl 2020 schließt sich Nieblum mit der Eröffnung eines weiteren Wellnesshotels diesem Trend an.

Eine gute Möglichkeit, die Insel kennenzulernen, ist eine maximal 2,5-stündige Rundfahrt durch fast alle Dörfer und zu vielen Sehenswürdigkeiten mit dem *Friesenexpress (März u. Mitte–Ende Nov. Di, Do, Sa 13, April–Okt. tgl. 10.15 u. 13, Anfang–Mitte Nov. u. 27. Dez.–7. Jan. tgl. 13 Uhr – Fahrplanänderungen möglich | Fahrt 12 Euro | ab Parkplatz am Aquaföhr | www.friesenexpress-föhr.de)*.

Schmuck oder schmackhaft: Die Natur liefert die meisten und manchmal auch schönsten Urlaubssouvenirs – einige sogar frei Haus

GOLD- & SILBERSCHMUCK

Gerade auf Föhr und Amrum haben sich in den letzten Jahren immer mehr Goldschmiede angesiedelt, die teils ausgefallenen Schmuck anfertigen, inspiriert von und kombiniert mit dem Material, das die Natur vor der Ateliertür liefert.

KERAMIK

Töpfereien gibt es in fast jedem Inselort. Von der Teetasse oder der Vase im traditionellen friesischen Grau-Blau bis zu gewagten Geschirrkreationen, vom Keramikhuhn bis zum tönernen Gartenzwerg wird die ganze Bandbreite der keramischen Kunst geboten.

LEIBLICHE GENÜSSE

Die Augen schließen, träumen und noch einmal den Geschmack des Inselurlaubs genießen? Nehmen Sie sich Marmelade, Tee oder Köm, Eierlikör nach traditioneller Rezeptur, Räucherfisch oder Muschelsuppe, Lammsalami oder -schinken mit. Die Produkte werden für den Transport eingeschweißt. Etwas Besonderes sind Biofleisch- und -wurstwaren von Rind und Lamm mit dem **INSIDER TIPP** „Uthlande"-Siegel, die es auch in Supermärkten gibt. Eine Produzentenliste finden Sie unter *short.travel/foe7*.

RUND UMS SCHAF

Kuschelige Schaffelle sind ebenso wie Schafswolle – Natur oder gefärbt – ein Renner. Auf den vier Inseln wird zudem Kosmetik aus Schafsmilch verkauft, z. B. Seife und Körperlotion. Schafskäse und -joghurt eignen sich eher für den Genuss vor Ort; den Hartkäse von **INSIDER TIPP** *Familie Petersen (Hardesweg 49 | Wrixum)* können Sie jedoch mit nach Hause nehmen, die sehr gute Wurst sowieso. Produkte vom Schaf bekommen Sie auf Föhr z. B. auch im *Schäferlädchen (An der Marsch 23 | Midlum)*.

FÖHR

Sie liegt zwischen dem Festland und Langeneß auf der einen, Sylt und Amrum auf der anderen Seite. Eher rundlich ruht sie – fett und grün und meerumschlungen – geschützt zwischen diesen Schalen wie die Perle in der Auster: Föhr. Wirklich starker Wind und echte Brandungswellen kommen hier seltener an als auf den benachbarten Inseln, was zum einen der älteren Generation und Familien mit Kindern gefällt, zum anderen eine relativ üppige Vegetation mit einem vielerorts reichen Baumbestand möglich macht. Vielleicht haben sich die Tourismuswerber auch deswegen vor ein paar Jahren den etwas gewöhnungsbedürftigen Slogan „Friesische Karibik" für diese Insel im Wattenmeer ausgedacht – nötig wäre das nicht gewesen. Wirbt

Föhr doch schlicht und ergreifend für sich selbst: mit freundlichen Menschen, bildschönen Dörfern, viel Platz zum Durchatmen und einem in jeder Jahreszeit tagesfüllenden kulturellen, kulinarischen und sportlichen Angebot.

Touristischer Mittelpunkt der 82 km² großen Insel ist das trotz ständig wachsender Gästezahlen immer noch beschauliche Hafenstädtchen Wyk. Etwa die Hälfte der 8360 Insulaner lebt hier: Teilen müssen sie sich ihre Insel – zumindest im Sommer – mit insgesamt fast 200 000 Urlaubern, dazu kommen noch fast ebenso viele Tagesgäste. Daher ist es zu Ferienzeiten manchmal gar nicht so leicht, noch einen Platz im Café zu bekommen, und ein Tisch im Restaurant sollte beizeiten reserviert werden. Doch

Des Wattenmeers grüne Perle: die schönsten Friesendörfer, sanfte Strände, traumhafte Meerblicke, fette Marsch, blühende Geest

so richtig voll ist es eigentlich nur zu Silvester, und in den Dörfern bleibt es auch in der Hochsaison recht ruhig.

Diese Ruhe vermittelt sich dem spazierenden oder radelnden Inselgast besonders in der Marsch, deren fruchtbare Wiesen den Norden Föhrs prägen. Auf über der Hälfte der Insel weiden hier Pferde, Schafe und Kühe zwischen Wirtschaftswegen und Entwässerungsgräben, leben zahlreiche Vogelarten wie Wiesenpieper und Feldlerche gemeinsam mit Tauben, Hasen und Fasanen – Föhr

hat mit die größte Niederwilddichte Deutschlands. Für den Schutz vor dem Blanken Hans ist der 22 km lange Deich der Nordküste zuständig, zumal in der tief liegenden Marsch eine Reihe großer Bauernhäuser steht – die sogenannten Aussiedlerhöfe, die in den 1960er- und 1970er-Jahren entstanden und deutlich machen, dass die Landwirtschaft nach wie vor eine wichtige Rolle spielt. Man betreibt Vieh- und Pferdezucht, baut Getreide, Mais und den im Frühsommer so herrlich knallgelb leuchtenden Raps an.

Friesenhäuschen und alte Bäume machen Nieblum zu einer – viel besuchten – Idylle

Im südlichen und westlichen Teil der Insel, auf dem flutsicheren Geestrücken, der vielerorts in die nicht sehr breiten Strände Föhrs übergeht, entstanden alle elf Inseldörfer. Südlich der Straße, die von Wyk über Midlum und Oldsum nach Dunsum führt, leben die allermeisten Föhrer. Jahrhundertelang war die Insel auch politisch geteilt: *Osterland*, der östliche Teil von Wyk bis Nieblum, gehörte zum Herzogtum Schleswig, während *Westerland,* der westliche Teil, genau wie Amrum von etwa 1400 bis 1864 dänisches Gebiet war. Diese Teilung wirkt bis heute nach, und zwar in der friesischen Sprache, dem Fering: In Westerland-Föhr wird ein anderer Dialekt gesprochen als in Osterland-Föhr; in Wyk ist Plattdeutsch die vorherrschende Sprache. Für die echten Fehringer sind die Wyker übrigens nur Zugereiste, obwohl die ersten Familien sich bereits vor rund 380 Jahren nach der Sturmflut 1634 in Wyk niederließen.

Heutzutage kommen immer mehr Gäste zur Sturmflutzeit, nämlich im Winter, und sowohl die zahlreichen Events als auch der schöne 27-Loch-Golfplatz und das Museum Kunst der Westküste ziehen zunehmend Kurzurlauber auf die Insel. Alte Bädervillen, umgebaut in hochwertige Apartmenthäuser im modernen Bäderstil sollen dieser neuen Klientel angemessene Unterkunft bieten. Auch wird Ende 2017 ein Vier-Sterne-plus-Wellnessresort mit Hotel, Apartments und Strandbar am Wyker Südstrand fertiggestellt sein, das die Insel für eine etwas betuchtere Klientel noch attraktiver machen soll. Wohl 2020 schließt sich Nieblum mit der Eröffnung eines weiteren Wellnesshotels diesem Trend an.

Eine gute Möglichkeit, die Insel kennenzulernen, ist eine maximal 2,5-stündige Rundfahrt durch fast alle Dörfer und zu vielen Sehenswürdigkeiten mit dem *Friesenexpress (März u. Mitte–Ende Nov. Di, Do, Sa 13, April–Okt. tgl. 10.15 u. 13, Anfang–Mitte Nov. u. 27. Dez.–7. Jan. tgl. 13 Uhr – Fahrplanänderungen möglich | Fahrt 12 Euro | ab Parkplatz am Aquaföhr | www.friesenexpress-föhr.de).*

Fortbewegungsmittel Nummer eins auf der Insel ist das Fahrrad. Es gibt kaum nennenswerte Steigungen, und auch die Versorgungswege in der Marsch sind gut befahrbar. Bei Gegenwind fährt man halt ein bisschen langsamer (oder sucht sich einen Vordermann), außerdem sind die Entfernungen zwischen den Dörfern nicht so gewaltig. Vielerorts gibt es zudem Möglichkeiten, sich während eines Schauers unterzustellen – Föhr besitzt mit mehr als 200 ha Gesamtfläche übrigens mehr Wald als Amrum –, und in der weitgehend baumlosen Marsch lockt das beliebte und viel genutzte **INSIDER TIPP** *Rad'l-Rast* (Mo–Fr 10–17.30 Uhr u. So bei schönem Radwetter | Aussiedlungshof 11 (131 D2) (*ℳ C3*) | Tel. 04681 2755 | www.ferienhof-bruhn.de) mit Speis und Trank.

Der gepflegte Sandstrand ist 15 km lang, beginnt in Wyk am Hafen und endet in Utersum am Kleinen Kurmittelhaus. Bewachte Strandabschnitte gibt es in Wyk, Nieblum, Goting und Utersum. Von Mitte April bis Ende September ist es an Stränden mit Kurbetrieb verboten, die hübschen, aber erstaunlich lauten und bisweilen sogar gefährlichen Lenk- und Sportdrachen steigen zu lassen.

AUSKUNFT FÜR FÖHR

Erste Anlaufstelle für alle, die Föhr zum ersten Mal besuchen, ist das *W.D.R.-Servicegebäude* am Wyker Hafen (*Am Fähranleger 1*). Eine kostenlose Informationsbroschüre und den jeden Monat neuen Veranstaltungskalender (ebenfalls umsonst) findet man hier. Inselweites *Servicetelefon* (z. B. für die Zimmervermittlung): Tel. 04681 3 00 | www.foehr.de

NIEBLUM

(130 B5) (*ℳ C4*) ⭐ 🔵 **Mehr als 60 alte, größtenteils hervorragend restaurierte Reetdachhäuser, baumgesäumte Gassen, Dorfteich und Friesendom, kleine Geschäfte, gemütliche Cafés und Res-**

⭐ **Nieblum**
Föhrs Vorzeigedorf mit jahrhundertealten Reetdachhäusern → S. 35

⭐ **Museum Kunst der Westküste**
Hochkarätiges Kunstmuseum und Ort ungezwungener Begegnung in preisgekrönter Architektur → S. 41

⭐ **St. Laurentii**
Zur romanischen Kirche in Süderende gehört ein Friedhof mit „redenden" Grabsteinen → S. 45

⭐ **Sandwall**
Geschäfte, Cafés und ein Rest alter Promenadeneleganz → S. 50

⭐ **Wattwanderungen**
Auf dem Meeresboden laufen und dabei Kultur, Natur und Geschichte des Wattenmeers und der Inseln kennenlernen → S. 46

⭐ **Carl-Häberlin-Straße**
Rosenumrankte Kapitänshäuser in der einzigen historischen Gasse Wyks, die unter Denkmalschutz steht → S. 48

⭐ **Friesenmuseum**
Ein Schmuckstück mit Garten: Das Heimatmuseum in Wyk gewährt Einblicke in den einstigen Alltag der Insulaner → S. 49

MARCO POLO HIGHLIGHTS

Das Goting-Kliff ist nur ein paar Meter hoch, aber dafür auf Föhr einzigartig

taurants – all das macht Nieblum zu einem bildhübschen Dorf.

Die ältesten Friesenhäuser, einige mehr als 300 Jahre alt, finden Sie im historischen Dorfkern, in der Nähe des Friesendoms St. Johannis. Die Straßen und Sträßchen in diesem schnuckeligen Ortszentrum sind kopfsteingepflastert, ebenso wie die Hauptstraße, die *Jens-Jacob-Eschel-Straße,* die den Ort durchschneidet. Die ist zwar eine wunderschöne, schattige Lindenallee, aber wenn in der Saison Auto nach Auto durchs Dorf rumpelt, dann hält sich die Lust zum Spazierengehen oder zum Eisessen auf einer der Caféterrassen manchmal doch in Grenzen. Ansonsten verleihen die vielen, teilweise sehr alten Bäume Nieblum eine lauschige Atmosphäre, um deren Erhalt man sich sehr sorgte, als die Holländische Ulmenkrankheit von 1980 bis 1990 über 100 alte Ulmen vernichtete. Im *Dörpshus* neben der Kurverwaltung informiert eine Schautafel über diesen gefürchteten Pilz, der u. a. auch die Ulmen am Wyker Sandwall zerstörte. Zum Glück wurde rechtzeitig neu gepflanzt, und so hat die Schönheit Nieblums kaum gelitten. Und wem der Dorfkern zu trubelig wird, der macht einen kleinen Spaziergang um *De Meere,* den großen Teich im Süden des Orts – da schnattern nur die vielen Enten. Hat's im Winter gefroren, wird der flache Teich zur Eislaufarena für die Kinder der ganzen Insel.

Nieblums Ortsteil *Goting* (130 A–B 5–6) (《 B–C4) war einst ein selbstständiges Dorf, eines der ältesten der Insel. Ein paar alte Bauernhöfe gibt es bis heute, neben zahlreichen Ferienhäusern neueren Datums. Goting liegt relativ strandnah und besitzt eine kleine Attraktion: das etwa 1700 m lange ☆ Goting-Kliff. Die Abbruchkante ist heute fast ganz unter Sandvorspülungen zum Küstenschutz verschwunden, war aber mal fast 10 m hoch! Der Blick von hier nach Amrum ist phantastisch.

SEHENSWERTES

ST. JOHANNIS
Der *Friesendom* ist Föhrs größte Kirche, über 1000 Sitzplätze hat sie. Der Backsteinbau mit dem 32 m hohen Turm wurde zum allergrößten Teil im frühen 13. Jh. errichtet. Die Quadersteine aus grauem Granit, die man im Sockelbereich der Kirche erkennt, stammen vermutlich von einem Vorgängerbau. Im Inneren sollten Sie sich u. a. den geschnitzten Altaraufsatz von 1487 ansehen und rechts daneben die riesige Figur Johannes des Täufers, ebenfalls aus dem 15. Jh. Der Taufstein ist das älteste Inventarstück, er stammt aus dem 12. Jh.

Die drei Grabsteine im Südquerhaus weisen schon darauf hin, was Sie auf dem *Friedhof* erwartet, der die Kirche umgibt: Über 280 „redende" Grabsteine und -platten, vorwiegend aus dem 17. und 18. Jh., erzählen hier – teilweise ziemlich ausführlich – Lebensgeschichten der Föhrer Inselfriesen. Sehr viel neuer und sehr bewegend ist eine kleine Ruhestätte für Totgeburten, die der Föhrer Bildhauer Markus Thiessen 2007 gestaltete – eine solche gibt es auch in St. Nicolai (s. S. 50) und St. Laurentii (s. S. 45). *Tgl. 9–18 Uhr; Kirchen- und Friedhofsführung: Termine s. Aushang an der Kirche und beim Tourismusservice | 5 Euro | www.friesendom.de*

ESSEN & TRINKEN

ALTES LANDHAUS
Im historischen Friesenhaus isst man schmackhafte Fleisch- und Fischgerichte. Das „kleine Mittagessen" ist sehr gut und sehr günstig. *Mo abends u. Di geschl. | Bi de Süd 22 | Tel. 04681 25 72 | www.landhaus-nieblum.de | €€*

KLIFF-CAFÉ ☼ (130 A6) (*∅ C4*)
Zu Windbeuteln und Waffeln gibt's gratis einen schönen Meerblick. Der Garten ist ein *Minigolfplatz* mit interessanten Bahnen. *Tgl. | Kliffwai 61 | Goting | Tel. 04681 36 60 | www.kliff-cafe.de*

CAFÉ KOHSTALL
Im gemütlich ausgebauten Kuhstall werden selbst gebackener Kuchen, Waffeln und Eisbecher serviert. Bei Voranmeldung können Sie hier im Sommer freitagabends Salzwiesenlamm und **INSIDER TIPP** dienstagabends Spanferkel essen (*€€*). *Di–So 13.30–18.30 Uhr | Jens-Jacob-Eschel-Str. 12 | Tel. 04681 5112 | www.cafe-kohstall.de*

LOHDEEL
Im roten Reetdachhaus am Ortsende hängen im weißen, holzgetäfelten Gastraum Votivschiffe von der Decke, und auf den Tischen duften Föhrer Miesmuscheln und Wiener Schnitzel. Super auch die Ziegenfrischkäse-Variationen. *Mi geschl. | Heidweg 2 | Tel. 04681 58 00 61 |www.lohdeel.com | €€*

INSIDER TIPP SAIMONS ✪
Ganze Fische frisch vom Kutter müssen Sie hier essen. Großartig! In dem kleinen, perfekt durchgestylten Restaurant von Lisa Wyrwinski und Simon „Saimon" Wendlandt steht aber auch Fleisch auf der ebenfalls kleinen, täglich wechselnden Karte – alles wird auf Föhr oder in der Region produziert. Rechtzeitig reservieren! *Nur abends, Mi geschl. | Jens-Jacob-Eschel-Str. 26 | Tel. 04681 9 64 34 84 | www.saimons.de | €€–€€€*

TEESTUBE & CAFÉ
Sehr stilvolles Café mit Terrasse und Bauerngarten, in dem Friesenwaffeln und – Do ab 18.30 Uhr und nach Aushang – Flammkuchen besonders gut

schmecken. Das Café ist Teil eines kleinen Komplexes mit der Galerie *Augenweide* und der „Föhrer Kerzenscheune", in der man u. a. selbst Kerzen fabrizieren kann. *Tgl. 13–18 Uhr | Poststrat 7 | Tel. 04681 58 01 43 | www.hof-pergande.de*

EINKAUFEN

ALTES FRIESISCHES THEEHAUS

Tee, Tee und nochmals Tee. Drum herum Schnickschnack aller Art. All das in einem uralten Friesenhaus mit Steinboden, und niedrigen Decken. Nette Idee: verschiedene Liköre zum Selbstabfüllen. *Jens-Jacob-Eschel-Str. 13 | theehaus.com*

FÖHRER SNUPKROOM

Auf zwei über 100 Jahre alten amerikanischen Bonbonwalzmaschinen fabriziert Enken Brodersen um die 50 verschiedene Sorten Bonsches (wie der Norddeutsche sagt), die sie in ihrer Bonbonkocherei an Zuckerschnuten (wie der Norddeutsche sagt) verkauft. *Jens-Jacob-Eschel-Str. 5 | www.foehrersnupkroom.de*

GALERIE NIEBLUM

Gregor Swoboda lebt auf Föhr und im Winter auf Kreta. Seine Meeresstücke malt er meist in Öl auf Leinwand und im Quadrat – 20 x 20 cm z. B. passen perfekt ins Reisegepäck. *Im Sommer Mo–Sa | De Gröne Eck 2 | www.galerie-nieblum.de*

LILLEBO

Geschmackvolles, meist nordisches Wohndesign zum Verschenken und Selberbehalten. Ansehnlich auch die skandinavische Mode. *Jens-Jacob-Eschel-Str. 17 | www.lilleboshop.de*

FREIZEIT & STRÄNDE

Um zum über 5 km langen Strand zu kommen, brauchen Sie vom Ortskern etwa eine Viertelstunde. Östlich vom Goting-Kliff darf man gänzlich nackt ins Wasser, westlich auch mit Hund. Am Strandübergang dient das Kioskcafé *Am Wattenmeer* mit Getränken und rustikalen Speisen der Versorgung der Badenden und als Kommunikationszentrum.

SPIELGOLF

Golfen mal ganz anders: Gespielt wird mit Putter und echten Golfbällen auf neun mit Kunstrasen belegten Bahnen von 8 bis 16 m Länge; sogar Roughs und Hügelchen gibt es. Aber Achtung: Diese „Grüns" sind sehr schnell! *Tgl. 13–18 Uhr (im Sommer länger) | Runde 4,50 Euro, Anschlussrunde 2,50 Euro | Poststrat | www.hof-pergande.de*

AM ABEND

SOMMERKONZERTE

Im Sommer füllt sich das Kirchenschiff des Friesendoms regelmäßig mit den Klängen von Orgel, Gitarre, Cello oder Oboe. Besonders die abendlichen Orgel- oder Chorkonzerte sind ein Genuss. *Mitte Juni–Mitte Sept., Flyer und Termine beim Tourismusservice und in der Kirche | Eintritt frei, um „großzügige" Kollekte wird gebeten | www.friesendom.de*

ÜBERNACHTEN

HAUS AGGE

Kleine Frühstückspension mit sechs gemütlichen Zimmern im Landhausstil und einem schönen großen Garten. *Wohldsweg 1 | Tel. 04681 22 29 | www.haus-agge.de | €*

FERIEN-KONTOR FÖHR

Kompetentes, freundliches Vermietungsbüro. Im Angebot sind komfortable Ferienwohnungen und -häuser für kleine und große Familien. *Jens-Jacob-*

Eschel-Str. 26 | Tel. 04681 7 88 | www. inselfoehr.de | €–€€€

INSIDER TIPP **HOFTEL FÖHR**

Urlaub auf der grünen Wiese: Sjirk und Anneclaire Loogman haben 2014 aus einem Stall ein schickes, modernes „Ho(f)-tel" gemacht, das sich in erster Linie an junge Familien richtet: mit 14 Doppel- und Familienzimmern (teils mit Terrasse), großer Scheunenküche (Frühstück vom Buffet ist zubuchbar), Tenne mit Terrasse und allem, was Babys so brauchen. *Nieblumweg 26 (links der Straße nach Alkersum) | Tel. 04681 7 46 12 80 | www. hoftel-foehr.de | €€*

VILLA WITT

In diesem traditionsreichen Haus können Sie sehr komfortabel wohnen, luxuriös speisen und nachmittags im Garten unter alten Bäumen gemütlich Kaffee trinken. Im Restaurant *Der kleine Witt (Do–So ab 18 Uhr | €€–€€€)* sorgt Peter Kaufmann mit seiner mediterran inspirierten Küche – die Spaghettini-Variationen sind legendär – und ausgesuchten Weinen auch bei Nicht-Hausgästen für gute Laune. Unbedingt reservieren! *4 Zi., 3 Suiten | Nov.–Feb. geschl. | Alkersumstieg 4 | Tel. 04681 5 87 70 | www. hotel-witt.de | €€€*

AUSKUNFT

FÖHR TOURISMUS GMBH

Zimmernachweis; Zweigstelle der W.D.R. *Im Dörpshus | Poststrat 2 | 25938 Nieblum | Tel. 04681 25 59 | www.nieblum.de*

ZIELE IN DER UMGEBUNG

LEMBECKSBURG 🌿 (130 A4) (*𝄞 B4*)

Von der Burg übrig geblieben ist nur der grasbewachsene beeindruckende Ringwall, der bis zu 10 m hoch ist und von dem man eine tolle Rundumsicht hat. Der Innenraum der Burg hat einen Durchmesser von 95 m und im Süden eine breite Öffnung: Hier befand sich

Dies ist kein profaner Hügel, sondern Teil des Ringwalls, der einst die Lembecksburg schützte

wahrscheinlich das Haupttor. Die Geschichte der Burg wird wohl nie völlig erforscht werden, Grabungen und Messungen haben nur ergeben, dass es sich im Ursprung um eine Wikingergarnison aus dem 10./11. Jh. handelt, mit 40–50 um einen Brunnen gruppierten Häusern, die nur zeitweise bewohnt waren. Älteste Siedlungsspuren stammen aus

und Hedehusum bis kurz vor Utersum. Auf der ganzen Strecke sind die Aussichten aufs Wattenmeer großartig!
Lohnend könnte bei Witsum ein Abstecher Richtung Waterkant sein, so man ein Fernglas dabeihat. Ein Sandweg führt von der Traumstraße an den Strand zum Mini-Vogelschutzgebiet *Godelniederung* (129 F5) (*M B4*), wo sich u. a. Austernfi-

Wenn Sie es stilvoll-gemütlich lieben, sind Sie im Rackmers Hof gut untergebracht

dem 9. Jh., und die Burg war wohl bis ins 14. Jh. bewohnt. Ihren – irreführenden – Namen verdankt sie dem Ritter Claus Lembeck, der 1362 Westerland-Föhr und Amrum vom dänischen König als Lehen erhielt, die Friesen ordentlich ausquetschte, aber mit ziemlicher Sicherheit die Burg höchstens von Weitem gesehen hat.

TRAUMSTRASSE
(129 D–F 3–5, 130 A5) (*M A–B 3–4*) Die einzige wirklich (leicht) hügelige Straße auf Föhr führt auf einer Länge von ca. 5 km von Goting über Witsum

scher beobachten lassen, wenn man den gebotenen Abstand wahrt und die Vögel nicht stört.

OEVENUM

(131 D4) (*M C3–4*) **Der historische Ortskern liegt zwischen Hauptstraße und Marsch, ist hervorragend erhalten und bildhübsch.**
Donnerstags findet am Vormittag rund um die Dorfeiche ein inselweit beliebter *Wochenmarkt* statt, dann ist es voll im Dorf, und Kundige flüchten sich z. B.

in den Mini-Dorfpark gegenüber vom Dörpskrog. Ansonsten ist es wohltuend ruhig zwischen den schmucken Friesenhäusern mit Rosenstöcken vor der Haustür. *www.oevenum.de*

ESSEN & TRINKEN

KRÖGERS DÖRPSKROG

Den Dorfkrug gibt es schon seit 1713. Heute kommen in dem schönen alten Friesenhaus INSIDER TIPP selbst gemachtes Sauerfleisch mit herrlichen Bratkartoffeln, Grünkohl, Bratfisch & Co. und die wohl besten Muscheln der Insel auf die Tische in der friesischen Gaststube. Unterm Reetdach finden sich auch acht einfach-moderne, aber gemütliche Gästezimmer mit viel Holz. *Do geschl. | Dörpstrat 24 | Tel. 04681 2103 | www.doerpskrog-oevenum.de | €*

EINKAUFEN

OEVENUMER THEECOMPAGNIE

Etwa 300 Sorten Tee, dazu Süßes und Alkoholisches wie selbst angesetzte Liköre, aber auch der leichte Wein aus Trauben von den drei Föhrer Weinfeldern bei Nieblum und Alkersum sind in *De ole Theestuv* im Angebot. *Di–Sa 10–14 Uhr und n. V. | Dörpstrat 49 | www.oevenumer-theecompagnie.de*

ÜBERNACHTEN

INSIDER TIPP RACKMERS HOF

Schmuckes, sehr komfortables Hotel: Ein grundrenovierter Friesenhof und zwei neue Reetdachhäuser gruppieren sich um einen obstbaumbestandenen Garten. Elf Suiten über zwei Ebenen mit Küchenzeile, Espressomaschine und Terrasse. Außerdem vier sehr hochwertige Suiten in einem Neubau gegenüber. Kleiner Wellnessbereich und die Kapitänsstube als

Raum für das sehr gute Frühstück vom Buffet. *Buurnstrat 1 | Tel. 04681 74 63 77 | www.rackmers.de | €€€*

STERNHAGENS LANDHAUS

Am Rand der Oevenumer Marsch haben Claudia und Jörn Sternhagen ein Refugium für gestresste Stadtmenschen geschaffen. Ihr 300 Jahre alter Reethof mit dem lauschigen Garten beherbergt 17 individuell eingerichtete Zimmer und Suiten. *Sternhagens Restaurant (Fr–Di ab 18 Uhr, Mi 19 Uhr Menü und Lesung: „Gericht-Gedichte", tel. Voranmeldung erbeten)* bewirtet auch Nicht-Hotelgäste mit einem täglich wechselnden Menü aus regionalen Produkten. *Ende Nov.–Mitte März geschl. | Buurnstrat 49 | Tel. 04681 5 97 90 | www.sternhagenslandhaus.de | €€€*

ZIELE IN DER UMGEBUNG

ALKERSUM (130 C4) (*M C4*)

Im Dorfkern liegt der 2009 fertiggestellte Gebäudekomplex des ★ ● *Museums Kunst der Westküste (MdKW, März–Okt. Di–So 10–17, Nov.–Mitte Jan. Di–So 12–17 Uhr | Eintritt 8 Euro, Kombiticket mit Friesenmuseum 9,30 Euro | Hauptstr. 1 | www.mkdw.de)*. Themen der etwa 550 Bilder und Grafiken (immer 50–100 davon sind in wechselnden Ausstellungen zu sehen) umfassenden einzigartigen Sammlung sind Meer und Küste. Unter den zwischen 1830 und 1930 entstandenen Werken sind auch Gemälde von Max Liebermann, Emil Nolde und Edvard Munch. Dazu gibt es stets mehrere Ausstellungen bekannter zeitgenössischer Künstler, Videoinstallationen und spannende Projekte. Zur auch architektonisch hochinteressanten und preisgekrönten Anlage gehören der Museumsgarten und *Grethjens Gasthof (Di–So 10–17 Uhr, Mitte Jan.–Feb. geschl., s. Website | Tel. 04681*

Das originellste Wohnhaus in Oldsum? Die Windmühle!

7 47 40 45 | www.grethjens-gasthof.de |
€), der kleine Gerichte, Kuchen und Torten offeriert.

MIDLUM

(130–131 C–D 3–4) (*m* C3–4)

Das nächste Dorf Richtung Westen ist
Midlum – auch hier steht eine Reihe
schöner alter Reetdachhäuser; nach
Norden zur Marsch hin liegen die meisten Ferienwohnungen. Der *Midlumer
Krog (Mo geschl. | Dörpstraat 50 | Tel.
04681 27 64 | www.midlumer-krog.de |
€ –€€)* ist eine typische Dorfgaststätte
mit inselweit geschätzter bodenständi-
ger, deftiger Küche und 13 gemütlichen
Zimmern (€). Tolle Torten gibt es in der
*Alten Schule (Öffnungszeiten s. Website |
Dörpstraat 28 | Tel. 04681 84 31 | www.
alte-schule-midlum.de),* deren Schmuckstück der verwinkelte Garten mit idylli-
schen Sitzplätzen ist. Schräg gegenüber
lag das Atelier des 2009 verstorbenen
Föhrer Malers und Geschichtenerzählers
Axel Gerhard, dessen ausdrucksstarke
Bilder überall auf der Insel präsent sind.

Wer für Vögel schwärmt und gern na-
turnah urlaubt, ist im *Andelhof (5 Fwg. |
im Midlumer Vorland* (130 C1) *(m C3) |
Tel. 04681 5 92 00 | www.andelhof-foehr.
de | €)* richtig: Gleich hinterm Deich und
neben den Teichen der **INSIDER TIPP** Na-
tursichtstelle des Vereins Elmeere wohnt
man in hellen, großzügigen Apartments
in absoluter Alleinlage.

OLDSUM

(129 F2) *(m B3)* **Die Mühle südöstlich
von Oldsum weist schon von Weitem
darauf hin: Dieses Dorf ist ganz besonders schön!**

Und es liegt abseits vom Ferientrubel –
manchmal ein nicht zu unterschätzen-
der Vorteil. Das touristische Angebot ist
schmal, aber gerade für ruhebedürftige
Urlauber ist das nicht entscheidend. Die
finden auf ihren Spaziergängen durch
das malerische Dorf alles, was sie suchen: blumenbunte Bauerngärten mit
Obstbäumen darin, gepflegte Reetdach-

häuser, Cafés und Galerien – will sagen, die Atmosphäre eines ursprünglichen, gemütlichen Friesendorfs, in dem die Zeit ein wenig langsamer zu vergehen scheint. *www.oldsum.de*

Zu Oldsum gehören auch die ehemals eigenständigen Dörfer *Klintum* und *Toftum* (130 A2–3) *(⌖ B–C3)* – alle drei zusammen bilden heute ein rundum hübsches Straßendorf.

SEHENSWERTES

MÜHLE

Der schmucke Galerie-Holländer war bis 1954 in Betrieb und kann leider nur von außen besichtigt werden – da wohnen nämlich Leute drin!

STELLYS HÜÜS

Ein Familienbetrieb der besonderen Art. Rolf Stelly hat in seinem Friesenhaus aus Erinnerungsstücken, Gesammeltem und Gefundenem ein skurriles kleines *Museum (Eintritt frei)* geschaffen. Seine Tochter Annetta König hat ihre *Töpferwerkstatt (www.foehr-ferien-koenig.de)* in der ehemaligen Scheune – man kann ihr bei der Arbeit zuschauen. Ihre hübschen, preiswerten Keramiken werden Sie auch im vorderen Teil des Hauses finden – im Café, wo Sie ein Stück vom inselweit geschätzten, selbst gebackenen Kuchen probieren müssen! *April–Okt. tgl. 11.30–18, Nov.–März Mi–So 14–18 Uhr | Haus 38 | Tel. 04683 3 06*

ESSEN & TRINKEN

CAFÉ IM APFELGARTEN ⊘

Selbst gebackener Kuchen, knackfrische Salate, Suppen vom eigenen Herd, Brote mit überbackenem Schafskäse und Föhrer Landschinken – vieles davon in Bioqualität. Im Sommer gibt's warmen Zwiebelkuchen. *April–Okt.*

BÜCHER & FILME

Föhr-Lexikon – Mehr geht kaum. Harry Kunz und Thomas Steensen haben ganze Arbeit geleistet. Und auch Amrum bleibt in diesem Kompendium nicht außen vor (2013)

Inselstolz – Knud Knudsen ist Wattpostbote, Merle und Malin Dell Missier noch Schülerinnen: 28 Inselbewohner erzählen von ihrem Leben mit und in der Nordsee. Georg Waldherr und Uwe Bahn haben's aufgeschrieben (2013)

Tod im Biikefeuer – Schon der fünfte Fall für Wasserbauinspektor Sönke Hansen. Historische Krimis von Kari Köster-Lösche, die auf Langeneß lebt (2015)

Die Nordfriesischen Inseln und Halligen – Bildband mit beeindruckenden Luftaufnahmen von Michael Zapf, begleitet von den kenntnisreichen Texten des Amrumers Georg Quedens (2011)

Mörder auf Amrum – Winter im Watt, Nebel in Nebel, die Insel schläft – und trotzdem gibt es zehn Tote in 90 Minuten. Skurriler Inselkrimi von Markus Imboden (ZDF, 2010)

Die Nordsee – Unser Meer – Auch das Wattenmeer, seine Inseln und Halligen bringt einem dieser Film nahe, wenn Axel Prahl zu faszinierenden Bildern erzählt (DVD, 2013)

tgl. 11.30–18, im Sommer bis 21 Uhr | Haus 86 | Tel. 04683 8 98 | www.imapfelgarten.de | €

UAL FERING WIARTSHÜS
Im „Alten Föhrer Wirtshaus" gibt's neben Scholle und Schnitzel auch Penne-Variationen, Salate und Zwiebelrostbraten. *Di geschl. | Haus 141 | Tel. 04683 4 65 | wirtshaus-oldsum.de | €€*

EINKAUFEN

Die Aquarelle mit Inselmotiven von Hildegard Gottfried können Sie in ihrem Atelier *(Mi u. Fr 14–18 Uhr und wenn die*

LOW BUDG€T

Da Dunsum etwas abseits liegt, sind Kuchen, Bockwurst & Co. und der Mittagstisch im Café *Zum Wattenläufer (So–Fr 11–mind. 18 Uhr | Tel. 0171 113 36 28 | www.zumwattenlaeufer.de)* gleich hinterm Deich ein echter Tipp. Schmankerl: günstiger Gummistiefelverleih (3 Euro/Tag) für die hier startenden Wattwanderungen.

Schlafen im Heu in Boxen für vier bis neun Personen in der *Heu-Herberge (Haus 26 a | Tel. 04683 13 32 | www.heuherberge-foehr.de)* von Familie Jensen in Süderende (20 Euro/Nacht). Küchenzeile, Frühstück, Hoftiere zum Anfassen. Taschenlampe und Schlafsack nicht vergessen!

Viele Konzerte in den drei großen Föhrer Kirchen St. Johannis, St. Laurentii und St. Nicolai kosten keinen Eintritt – umso dankbarer ist man für eine Spende am Ende.

Tür offen ist | Haus 65 | Tel. 04683 13 64)* anschauen und auch erwerben.

ART & WEISE
In dieser Galerie finden Sie geschmackvolle Geschenke, Bücher und Bilder sowie INSIDER TIPP ▸ CDs mit Entspannungsmusik des Föhrers Hauke Nissen. Der Künstler und Komponist verbindet die Klänge der Insel und des Meers mit seiner Musik. *Haus 56 | www.haukenissen.de*

MARINK
Schräg gegenüber von Stellys Hüüs hat sich dieses Paradies für Dekofans und Bastelfreaks eingerichtet. Auch sehr schöne Seidenblumen entfalten hier ihre Blütenpracht. *Mo–Fr 9.30–12, 14–18, Sa 9.30–12.30 Uhr | www.marink.de*

INSIDER TIPP ▸ MARMELADE & CO. 🌐
Fruchtaufstriche und -saucen, Senf, Öl, Essig – hausgemacht und so liebevoll verpackt, dass man sie gar nicht öffnen möchte. Doch das wäre schade, denn z.B. die „Föhrer Wildfrüchte" sind ein Geschmacksereignis. *Mai–Okt. Mo–Fr 11–18, Nov.–Ostern Mo/Di, Do/Fr 11–16 Uhr | Haus 139 | www.marmelade-und-co.de*

ÜBERNACHTEN

Im Dorf sind Ferienwohnungen und -häuser aller Kategorien zu mieten. Ein hochwertiges Angebot schöner neuer reetgedeckter Häuser hat der Vermieter *Insel Föhr Exklusiv (7 Ferienhäuser/-apt. | Tel. 04681 7 46 17 80 | www.insel-foehr-exklusiv.de | €€–€€€).*

ZIELE IN DER UMGEBUNG

GROSS-DUNSUM (129 E2–3) *(ℳ B3)*
Wichtiger als der Ort selbst ist der Parkplatz am Deich: Dort treffen sich die Wanderer, die durchs Watt nach

Die „erzählenden" Grabsteine machen den Friedhof in Süderende zur Bibliothek

Amrum wollen. Die Termine für *Führungen (22,50 Euro inkl. Bus- und Fährfahrt)* sind dort ausgehängt, aber auch bei den Kurverwaltungen zu erfahren. Die Wattwanderung zur Nordspitze von Amrum (8 km) dauert 2–2,5 Stunden und darf auf gar keinen Fall ohne Wattführer unternommen werden! Zurück kommen Sie mit der Fähre Wittdün–Wyk.

INSIDER TIPP ▶ **MILK AND MORE**
(129 E2) (*ĐJ B3*)
Nachdem Familie Hinrichsen die Milchwirtschaft aufgegeben hatte, machte sie aus ihrem Hof einen – angenehm entspannten – Erlebnisbauernhof mit Hofladen und -café, Streichelzoo, Fußballgolf und Swingolf (s. S. 111). *In der Nebensaison Do geschl. | Aussiedlung 23 | Bushaltestelle: Klein-Dunsum | Tel. 04683 9 63 49 79 | www.milk-more.de*

SÜDERENDE (129 F3) (*ĐJ B3*)
Ein behagliches Dorf, dessen durchaus sehenswerten Ortskern jedoch viele Gäste im wahrsten Sinn des Wortes links liegen lassen, um der etwas außerhalb gelegenen Kirche St. Laurentii und ihrem Friedhof einen Besuch abzustatten.

⭐ *St. Laurentii* ist die Gemeindekirche für alle Dörfer im Inselwesten. Der romanische Granitbau wurde Anfang des 13. Jhs. mit Backsteinen erweitert. Drinnen sind der geschnitzte Altar von 1430 und die romanische Taufe aus dem 12./13. Jh. besonders sehenswert. Auf dem ● *Friedhof* stehen viele, teilweise sehr gut erhaltene „erzählende" Grabsteine, darunter auch derjenige des „glücklichen Matthias", einer der wenigen lateinisch beschrifteten auf Föhr und wohl der bekannteste überhaupt. Matthias hieß eigentlich Matz Petersen, wurde am 24. Dezember (!) 1632 in Oldsum geboren und immerhin fast 74 Jahre alt. Und warum war er nun glücklich? Weil er als Walfangkommandeur auf die stolze Zahl von 373 erlegten Walen kam. *Tgl. 9–18 Uhr | Kirchen- und Friedhofsführung s. Aushang an der Kirche | www.st-laurentii.de*

Im feinen, geschmackvoll gestalteten `INSIDER TIPP ▶` *Landhaus Altes Pastorat (3 Zi., 4 Suiten u. 1 Zi., 2 Suiten im Friesenhof gegenüber | Nov.–Anf. Dez. geschl. | Tel. 04683 2 26 | www.landhaus-altes-pastorat.de | €€€)* in einem Reetdachhaus von 1762, das 2009 umfassend renoviert wurde, können Hausgäste auch angemessen speisen und den schönen Garten genießen. Kleiner, feiner Wellnessbereich.

WATTWANDERUNGEN ★
Das Nationalpark-Zentrum und der Wattführer Heinz-Jürgen Fischer bieten verschiedene Wanderungen ab Dunsum an. Die Gruppen werden beim Wandern kenntnisreich über 🌀 Ökologie und Kulturgeschichte des Wattenmeers informiert. Eine schöne Wanderung mit Herrn Fischer führt z. B. zum Kormoransand, der Mutterbank der Seehunde (ca. 3,5 Std.). *Termine im Veranstaltungskalender, Anmeldung nicht nötig | 6 Euro | Tel. 04681 42 90 (NP-Zentrum) o. 04681 7 46 33 33 u. 0175 4 60 72 92 (Herr Fischer)*

UTERSUM

(129 D3–4) (ᗰ B3) **Die Attraktion des Orts ist der breite Sandstrand. Von den typischen alten Friesenhäusern gibt es vergleichsweise wenige.**
Stattdessen prägen relativ neue Häuser das Ortsbild, sodass das Dorf weniger gemütlich wirkt als die anderen Inseldörfer. Utersum ist ein anerkanntes Nordseebad mit einer großen Rehaklinik am Ortsrand.

SEHENSWERTES

SUNBERIG & TRIIBERGEM
Das etwa 5000 Jahre alte Steinzeitgrab *Sunberig* (friesisch für Sandberg), das in der Bronzezeit erneut genutzt wurde,

liegt gleich hinterm Deich beim Haus des Gastes. Aus der Bronzezeit (1800–500 v. Chr.) stammen auch die drei Grabhügel *Triibergem* („bei den drei Grabhügeln"), 300 m vom Strand. Die Wege zu den Gräbern sind ausgeschildert.

ESSEN & TRINKEN

STAL HUK
„Hier wird selbst der Landmann satt", so das Motto des Lokals. Was bei großen Bratkartoffelportionen plus Matjes oder Sauerfleisch aber durchaus zutrifft. *Mo u. Jan./Feb. geschl. | Lung Jaat 1 | Tel. 04683 13 74 | www.stalhuk.de | €–€€*

UAL SKINNE
Hausgemachten Kuchen – und in der Hauptsaison (Juni–Sept.) auch leckere Bistrogerichte können Sie im gemütlichen Gastraum oder auf der großen Terrasse genießen. Dasselbe dient ab 18 Uhr als Restaurant, in dem Luc Maréchal saisongeprägte, auch schon mal mediterran inspirierte Fleisch- und Fischgerichte serviert. 🌀 Kräuter und so einiges an Gemüse und Obst kommen aus dem eigenen Garten in Süderende. *Mi geschl. | Boowen Taarep 11 | Tel. 04683 13 98 | www.ual-skinne.de | €€–€€€*

UUN'T WAANJHÜS
Zwischen Utersum und Süderende liegt gleich jenseits der St.-Laurentii-Kirche das Café-Restaurant „Im Wagenhaus" mit hübscher Terrasse, wo Sie sich neben Kaffee und Kuchen auch kleine Gerichte wie Panini zu Gemüte führen können. *Do–Di bis 18 Uhr, Juli/Aug. auch Mi | Kirchweg 3 | Tel. 04683 10 79 | €*

STRAND & WELLNESS

Der sehr schöne 🌿 Utersumer Strand punktet auch sonst gleich dreimal. Zunächst: Selbst bei diesigem Wetter sieht man zwei Leuchttürme gleichzeitig, den auf Amrum in Wittdün und den auf Sylt in Hörnum. Zum Zweiten ist da das Wellnessangebot des *Kleinen Kurmittelhauses (Klaf 6 | Tel. 04683 8 87 | www.kleines-kurmittelhaus.de)* direkt am Strand, und

10 Zi., 3 Apt. | Nov.–März geschl. | Boowen Taarep 15 | Tel. 04683 3 08 | www.gasthaus-knudsen.de | €

ZUR POST
Solides Haus mit Sauna, Solarium, Liegewiese und kleinem Schwimmbad. *18 Zi. |*

Abendliches „Fernsehen" am Utersumer Strand …

ein Highlight im Wortsinn ist das Strandrestaurant INSIDER TIPP *Sehliebe (Di geschl. | Klaf 2 | Tel. 04683 4 32 | sehliebe.de | €€)* im Obergeschoss des Hauses des Gastes. Puristisch eingerichtet mit viel hellem Holz, die Küche ebenso schnörkellos modern mit witzigen Ideen wie Lammkeule mit Kürbisrisotto (getrennte Tages- und Abendkarte!).

Boowen Taarep 7 | Tel. 04683 94 10 12 | www.zurpost.biz | €–€€
Gleich um die Ecke liegt das zugehörige *Hotelrestaurant Zur Post* mit stark regional geprägter Küche: Krabbenbrot, Muschelpfanne, Deichlammkeule, friesischer Kohlpudding mit Specksauce. *Mi geschl. (in der Nebensaison auch Do) | Jaardenhug 2 | Tel. 04683 96 33 30 | €€*

ÜBERNACHTEN

GASTHAUS KNUDSEN
Komfortabel und gemütlich. Im Gasthausrestaurant *(Do geschl.)* gibt's gute Fisch- und auch mal Wildgerichte.

AUSKUNFT

FÖHR TOURISMUS GMBH
Alle Informationen, Veranstaltungstermine und W.D.R.-Fahrkarten. Dazu Strandkorbvermietung und Zimmervermittlung.

Im Haus des Gastes | Klaf 2 | 25938 Utersum | Tel. 04683 3 46 | www.utersum.de

WYK

KARTE IM HINTEREN
UMSCHLAG (131 E5–6) (*ᗰ C4*)

Die Fähre von Dagebüll benötigt 50 Minuten, dann sind Sie endlich da – im Hafen von Wyk auf Föhr, der geschützt im Südosten der Insel liegt.

Bevor die Fähre ins Hafenbecken eindreht, fallen Ihnen ein paar unansehnliche 70er-Jahre-Kästen ins Auge, die hinter dem Wyker Strand aufragen: Hotels

An stürmische Zeiten erinnern die Hochwassermarken im Wyker Hafen

und Kurkliniken. Doch keine Panik: Das sind die einzigen echten Bausünden auf Föhr! Und in Wyk selbst wirken sie nicht halb so hässlich wie von See aus.

Der Ort wurde 1611 erstmals urkundlich erwähnt als „bey de Wiecke" – in der Bucht. 1819 wurde das Seebad eröffnet – das erste in Schleswig-Holstein –, und erst seit 1924 hat Wyk eine eigene Kirche, als nämlich *Boldixum* (131 E5) (*ᗰ C4*) mitsamt der St.-Nicolai-Kirche Wyk eingemeindet wurde.

Wyk ist eine sympathische kleine Stadt, die auch in der Hochsaison eine gewisse Beschaulichkeit ausstrahlt, obwohl sich dann die 4230 Ew. ihr Städtchen mit bis zu 19 000 Urlaubern teilen müssen. Wenige Häuser sind älter als hundert Jahre – den Charme des Orts machen die vielen hübschen Villen aus, die gepflegten Gärten und der reiche Baumbestand. Der *Sandwall,* der direkt hinter dem Strand verläuft, ist Wyks gute Stube – früher nannte man das Kurpromenade, heute Flaniermeile. Viele Tagesgäste bleiben hier und in den rechtwinklig abzweigenden Fußgängerstraßen hängen, dabei ist auch der Rest des Städtchens sehenswert, Überraschungen inklusive: So stößt man im Wäldchen Ecke Feld- und Badestraße auf ein Freigehege mit Enten, Gänsen und Watvögeln – verletzt aufgefundene Tiere, die hier gesund gepflegt werden. Auch einige der 20–30 Föhrer Störche brüten hier, von denen etliche ihren Zugdrang verloren haben. Sie bleiben auch im Winter im Gehege oder an anderen Stellen der Insel, ziehen hier ihre Jungen auf und gehen im Watt auf Nahrungssuche *(www.inselstorch.de).*

SEHENSWERTES

CARL-HÄBERLIN-STRASSE ⭐

1857 und 1869 wurde Wyk von zwei verheerenden Bränden großenteils zerstört.

Im historischen Ortskern blieb – neben ein paar Häusern in den angrenzenden Sträßchen – nur diese entzückende Gasse mit den bescheidenen Kapitänshäusern und ihren Rosenstöcken davor verschont. Heute steht sie unter Denkmalschutz.

FRIESENMUSEUM ★

Hier wird anschaulich dargestellt, wie die Salzgewinnung aus Seetorf funktionierte, Sie erfahren, was ein Fischgarten ist, Sie können eine umfangreiche Sammlung zur Föhrer Seefahrts- und Walfanggeschichte und eine Vogelvitrine mit über 70 Arten (natürlich in ausgestopftem Zustand) betrachten und das *Haus Olesen* besuchen – oder in diesem sogar heiraten! Es ist das älteste Haus der Insel (1617) und stand früher in Alkersum, wo man es zerlegte und auf dem Museumsgelände eins zu eins wieder aufbaute. Dort steht auch eine kleine Bockwindmühle von der Hallig Langeneß. Die beiden Eingänge zum schönen Museumsgarten mit seinen herrlichen historischen Rosenstöcken werden von Repliken der Unterkieferknochen eines Blauwals gebildet. *Mitte März–Okt. Di–So 10–17, Juli, Aug. tgl. 10–17, Nov.–Mitte März Di–So 14–17 Uhr | Eintritt 3,50 Euro, Kombiticket mit dem Museum Kunst der Westküste 9,30 Euro | Rebbelstieg 34 | www.friesen-museum.de*

GLOCKENTURM

Das Wyker Wahrzeichen wurde 1886 errichtet. Es ist der dritte Glockenturm an dieser Stelle – und unverzichtbar, warnt seine Glocke die Wyker doch vor Sturmflut und Feuer, denn die Glocken von St. Nicolai in Boldixum kann man bei ungünstigen Winden in der Stadt nicht hören. Nette Idee: Jedes Föhrer Neugeborene wird vormittags mit einem einminütigen Läuten begrüßt. *Ecke Große Straße/Mittelstraße*

HAFEN

Hier ist immer Betrieb, vor allem aber in der Hauptsaison: Dann legen die vier Fähren täglich bis zu 40-mal an und ab. Und von Mitte April bis Mitte Oktober ist jeden Sonntag *Fischmarkt* mit vielen Buden und Livemusik! Auf dem Hafengelände steht – in gehobener Position auf einem Hügelchen – auch das Gebäude der Wyker Dampfschiffs-Reederei (W.D.R.). Dort können Sie sich Fahrkarten für Ausflüge besorgen und die Reservierung für Ihre Rückfahrt vornehmen, falls Sie mit dem Auto gekommen sind und dies nicht schon bei der Buchung erledigt haben. Im *Alten Hafen* neben dem Fähranleger liegen neben anderen Schiffen die Muschelkutter, an der *Alten Mole* machen die Ausflugsdampfer fest, und im *Yachthafen* davor können auch Besucherboote vor Anker gehen *(Auskünfte beim Hafenamt | Hafenstr. 44 | Tel. 04681 58 06 56 | www.hafen-wyk.de).*

MÜHLE „VENTI AMICA"

Bei der „Freundin des Winds" handelt es sich um einen Galerie-Holländer aus dem Jahr 1879. Einige Jahre lebte hier die Föhrer Heimatdichterin Stine Andresen (1849–1927), die mit dem Müller verheiratet war. Die Mühle ist in Privatbesitz und nicht zu besichtigen. Leider hat sie in den Winterstürmen 2013 die Gitterkreuze von zwei Flügeln verloren, die bislang nicht ersetzt wurden, und gibt daher zurzeit einen etwas traurigen Anblick ab. *Mühlenstraße*

INSIDER TIPP ▶ PARK AN DER MÜHLE

Gegenüber der Windmühle haben engagierte Föhrer ehemalige Tennisplätze in ein grünendes, blühendes und plätscherndes Kleinod verwandelt – einen botanischen Park mit Ruhebänken, Wasserspielen und einer Boulebahn, der abends wunderschön beleuchtet wird.

SANDWALL ★ ●

Wyks hübsche Promenade wurde angelegt, als Wyk noch Sommerfrische des dänischen Königs war. Die damals angepflanzten Ulmen fielen leider der tückischen Ulmenkrankheit zum Opfer und wurden durch Kastanien und Eschen ersetzt. Vor den Geschäften und Cafés ist ein großes Stück des Sandwalls als schmaler Park angelegt, von dem aus Sie einen schönen Blick aufs Meer, die Hallig Langeneß, den Strand und die beiden alten Anlegebrücken haben. Die Betreiber der Cafés und Bistros haben Tische, Stühle und Strandkörbe aufgestellt, sodass Sie hier problemlos einen ganzen Sommertag verträumen können. Der Stolz der Wyker wurde 2009 unter Einbeziehung des hübschen alten *Musikpavillons* umgestaltet, mit einem ins Meer ragenden Holzdeck an der Mittelbrücke und dem *Gezeitenbrunnen* des Bildhauers Markus Thiessen aus Süderende, der den Verlauf der Tide im nordfriesischen Wattenmeer im Zeitraffer darstellt.
Vom Sandwall zweigen die *Große Straße* und die *Mittelstraße* mit zahlreichen Geschäften und Restaurants ab. Beide Straßen und ihre Nebenstraßen sind wie der Sandwall für Autos und Radfahrer tabu.
Spazieren Sie auf der Promenade nach Süden, kommen Sie, vorbei am Schachfeld und einer Steinskulptur namens „Blick von Föhr", zum bescheiden wirkenden, aber kräftig blinkenden Wyker Leuchtturm *Olhörn*. Wenn Sie weitergehen bis ganz zum Ende der Promenade, begegnen Sie drei weiteren Skulpturen von Markus Thiessen „mit Durchblick", die Ihnen neue Perspektiven des Wattenmeers eröffnen: „Blick auf Oland", „Blick nach Langeneß" und „Blick auf Amrum".

ST. NICOLAI

Wyks Kirche steht im Ortsteil Boldixum. Die ersten Teile des eindrucksvollen Ziegelsteinbaus stammen aus der Spätromanik (1240). Im Kircheninneren sind der Taufstein aus dem 13. Jh., die Orgel von 1735 und der geschnitzte Altar von 1643 interessant. Natürlich stehen auch auf diesem Friedhof viele „erzählende" Grabsteine, der älteste stammt aus dem Jahr 1604. *Mo–Sa 8–16.15 Uhr, So nach dem Gottesdienst bis 16.15 Uhr | Führung, z. T. mit Orgelvorführung, s. Aushang an der Kirche und beim Tourismusservice | www.inselkirche.de*

ESSEN & TRINKEN

ALT WYK

Ein Stern strahlt über dem besten Restaurant der Insel. Hervorragende, kreative Küche mit Produkten der Saison: Die Maultaschen sind ebenso ein Gedicht wie die Fischsuppe „Alt Wyk", das Karree vom Salzwiesenlamm oder die Seezungenrouladen. Gute Weinkarte (vorwiegend deutsche Gewächse), tolle Desserts. *Wechselnde Öffnungszeiten (s. Website) | Große Str. 4 | Tel. 04681 32 12 | www.alt-wyk.de* | €€€

INSIDER TIPP ALTE DRUCKEREI – DIE WEINSTUBE

Neben Weinen auch Kaffees und Gebäck, Flammkuchen und gute (nicht billige) Käseteller. Kleiner Innenhofgarten. Einzigartig auf den Inseln ist der regelmäßige abendliche ● *Kultursalon* mit Musik und Lesungen *(Termine im Veranstaltungskalender und unter www.foehr.de). Tgl. | Mittelstr. 17 | Tel. 04681 74 81 81 | www.dasweinkontor.com* | €€

DIE 13

Uriges Restaurant in einem der denkmalgeschützten Häuser der Carl-Häberlin-Straße. Ist das Wetter gut, stehen drei Tische an der malerischen Gasse. Empfehlenswert sind hier die Pfannengerichte und die Spezialitäten vom Föhrer Deichlamm. *So, Nov. u. 15. Jan.–März geschl. | Carl-Häberlin-Str. 13 | Tel. 04681 16 13 | €–€€*

FIETIS

Föhrs Steakhouse. Lavasteingrill, Fischgerichte und tolle Salate. Viele Produkte kommen vom Biobauern, auch Wein, und die meisten aus der Region. *Mo geschl. | Mittelstr. 9 | Tel. 04681 74 33 22 | www.fietis.com | €€–€€€*

FRIESENJUNG

Lockeres Bistro mit regionalen Produkten. Das beginnt beim mit Föhrer Ziegenkäse überbackenen Lachsfilet und hört beim Lammcurry oder der perfekten Pasta noch nicht auf. Auch Vegetarier kommen nicht zu kurz. An der Bar schicke Longdrinks und Bioweine und etliche Tische draußen. *Mo geschl. | Süderstr. 6 | Tel. 04681 50 18 30 | friesenjung-foehr.de | €€*

GODEWIND

Gute Küche, ständig wechselnde Tagesgerichte. Klassiker sind der überbackene Schafskäse und die Kutterscholle. Terrasse gegenüber vom Park an der Mühle. *Di geschl. | Feldstr. 12 | Tel. 04681 55 52 | www.restaurant-godewind.de | €€*

KLEIN-HELGOLAND

Vorm Deich mit Blick aufs Meer und den Yachthafen köstlichen selbst gebackenen Kuchen essen oder sich am reichhaltigen Brunch erfreuen. Die Bistroküche ist regional geprägt, die Tageskarte überrascht immer wieder. Viele Kaffee- und Teesorten, gute Weine, windgeschützte Terrasse. *Mo/Di u. Nov.–Feb. geschl. | Achtern Diek 14 | Tel. 04681 7 47 16 73 | www.cafe-klein-helgoland.de | €–€€*

LÜTTJE KÖK

Das adrette Haus am Platz mit der Stadtsäule ist ein kleines Schmuckstück. Hier gibt es anständige norddeutsche Küche mit den Standards, wie Halligbrot, Lammfilet oder Nordseescholle. Auf Schiefertafeln draußen ist das Tagesgericht notiert, z. B. fangfrischer Kabeljau. *Mi geschl. | Carl-Häberlin-Str. 20 | Tel. 04681 82 82 | €€*

Promenade, Shoppingmeile, Caféterrasse – der Sandwall ist all das zugleich

Besonders schöne Exemplare vom „Gold des Nordens" gibt es bei Uwe Petersen

INSIDER TIPP ▸ OSTERIA MICHELE

Wer einmal den Weg ins Souterrain des *Hotels Gregory (7 Zi., 1 Suite | €€)* zu Michele Beatrice gefunden hat, kommt wieder. Relativ kleine Karte, riesige Qualität! Die Pasta ist zum Teil handgemacht, das Kalbsmedaillon saftig, der Fisch fangfrisch. Im Sommer auch Tische auf der Terrasse. Reservieren! *Mo geschl. | Georg-Reimers-Weg 1 | Tel. 04681 3133 | www.hotelgregory.de | €€€*

STÖRTEBEKER 🌿

Gemütliches Restaurant mit gesundem Essen: vegetarische Gerichte, Vollkornpizza, aber auch Fisch und Lamm. Weine auch aus Öko-Anbau. *Mo geschl. | Reidschott 2 (an der großen Kreuzung) | Wyk-Boldixum | Tel. 04681 8901 | €–€€*

EINKAUFEN

ANKE SCHEUERMANN

Auf Föhr gibt es viele gute Schmuckdesigner. Herausragend sind die schlichten Kreationen dieser Künstlerin. *Mo–Fr | Wilhelmstr. 8 | www.ankescheuermann.de*

AUGENWEIDE

Stimmt. Die Windspiele aus Metall mit den farbigen Glaskugeln sind eine wahre Augenweide. Zudem Schmuck, Halstücher und Dekoratives. *Süderstr. 12*

FLEISCHEREI FRIEDRICHS

Milder Katenschinken, Labskaus, Sauerfleisch von Lamm und Schwein und vieles mehr – alles selbst hergestellt, bis hin zu den Küstenkuchen in der Dose. Fischkonserven, Käse und Süßes von anderen Föhrer Herstellern gibt's auch. *Mittelstr. 14 | www.inselschlachter.com*

FÖHRER TEEKONTOR

Friesen und Tee – das gehört nach landläufiger Meinung irgendwie zusammen. Hier gibt's alles rund um dieses Getränk – auch das Hochprozentige, das die Friesen da ganz gern mal reintun. Außerdem: Leysieffer-Schokoladen. *Mittelstr. 35*

INSIDER TIPP ▸ KLEINE SÜNDEN FÖHR

Klaus-Dieter Imlau hat sich einen Traum erfüllt: Er darf nur noch Süßes machen. Fast alle konditorischen Köstlichkeiten sind hier selbst gefertigt: Pralinen, Macarons, Torten und Törtchen zum Niederknien. Außerdem Weine, Chutneys, Speisen im Weckglas usw. An drei Tischchen können Sie vor Ort zuschlagen. *So, Nebensaison auch Mo geschl. | Ziegeleiweg 2b (Gewerbegebiet) | www.kleinesuenden-foehr.de*

KONTOR 1710 🌱
In dem auf Fair Trade und Nachhaltigkeit ausgerichteten Shop finden Sie dänisches Design, hochwertige Kosmetika und Seifen, Accessoires, Schokoladen und eine beeindruckende Auswahl an Biogewürzen und -Tees, die in edel designten Verpackungen stecken. *Sandwall 52 | www.kontor1701.de*

UWES BERNSTEIN
Uwe Petersen schleift den Bernstein, den er findet oder den Fischern abkauft, selbst. Die Auswahl ist außerordentlich. *Sandwall 54 | www.uwebernstein.de*

WEINHAUS AM MEER
Wein und auch Spirituosen in großer, sorgfältig zusammengestellter Aus-

wahl. Natürlich dürfen dabei die trockenen, frisch-fruchtigen Föhrer Weine **INSIDER TIPP** „Réserve Waalem" und „Waalem Fiin" (probieren möglich) sowie der Sekt „Waalem Brut" nicht fehlen. Dazu Feinkost von Pasta über Oliven bis Cantuccini. *Sandwall 54 | www.weinhaus-am-meer.de*

WIND & FREUNDE
Das passt zu einer Nordseeinsel: Drachen und Windspiele in großer Farb- und Formenvielfalt. Ausprobieren und Schnupperkurse sind möglich. Auch allerlei hübsche Deko für Garten und Balkon ist im Angebot. *Mühlenstr. 15 a | www.windundfreunde.de*

WOLLFLUR
Bei Gaby Brandt gibt's Felle, Naturwolle und Handgestricktes aus Wolle von den Schafen der Insel, dazu herdenweise Schäfchen als Souvenir und Spielzeug. *Wilhelmstr. 1*

INSIDER TIPP ZEITLOS
Der richtige Laden für ein geschmackvolles Urlaubsmitbringsel. Vom Osterei bis

ELMEERE

Bis Mitte der 1960er-Jahre war die Marschenwelt auf Föhr noch in Ordnung: Fauna und Flora wurden von Ackerbau und Viehzucht kaum beeinträchtigt. Dann aber kam die Flurbereinigung, und die Marsch, die bis dahin im Winter unter Wasser stand, wurde entwässert. In der Folge verschwanden viele Blütenpflanzen, Amphibien und etwa 20 Vogelarten von der Insel. 🐦 Um die Natur des Inselinneren zu erhalten, gründete der Föhrer Dieter Risse 1993 den Verein

„Elmeere", benannt nach der Seenlandschaft, die einst zwischen Süderende und Utersum lag. Sein Ziel: Kauf und Renaturierung von Grünlandflächen. Trotz anhaltenden Widerstands von Teilen der Bauern- und Jägerschaft ist die Bilanz eindrucksvoll: Bis heute wurden ca. 117 ha Fläche aufgekauft und bislang zu mehr als der Hälfte aufwendig renaturiert, sodass sogar so seltene Vögel wie Rohrdommel und Löffler zurückkehren konnten. *www.elmeere.de*

zur Christbaumkugel, von der Tasse bis zur Tischdecke: Hier fällt die Auswahl aus stilsicher zusammengestellten Wohnaccessoires schwer. *Mühlenstr. 5*

SPORT & STRÄNDE

Wyks feinsandiger, langer Strand reicht vom Hafen bis nach Nieblum. Auf Höhe des Flugplatzes – hier endet auch die oberhalb des Strands verlaufende Promenade – ist ein Abschnitt für all jene reserviert, die sich lieber ohne Badebekleidung sonnen und in die Nordseewellen stürzen. Es gibt zwei Nichtraucherzonen, eine zwischen der Mittel- und der Seglerbrücke und eine weitere an der Südstrandbrücke, auf deren westlicher Seite sich der Drachenstrand befindet. Auch sind hier mehrere Sport- und Spielzonen ausgewiesen. Und auf Höhe des Nordsee-Kurparks können Sie nach den Strandaktivitäten in den angesagten Strandbars und Surfspots *Pitschi's Surfhütte* und *Schapers Bistro (Restauration März–Nov. tgl. 11–mind. 22, in den Sommerferien tgl. 9–24 Uhr | €)* chillen.

AQUAFÖHR ●

Meerwasserwellenbad mit 29–35 Grad warmem Nordseewasser auch im Außenbecken. Wildwasserkanal und 70-m-Rutsche. Thalassotherapie und Wellness aller Art gibt's im *Aquafit* mit u. a. Saunalandschaft und diversen Pools. Im *Bistro Aquamarin (tgl. 9–22, im Winter Mi–So 11–18 Uhr | €)* schaut man von der ☀ Sonnenterrasse aufs Meer oder anderen beim Schwimmen und Schwitzen zu. Ein Flyer mit sämtlichen Angeboten, Öffnungszeiten und Preisen liegt bei den Touristinfos und vor Ort aus. *Tgl. 10–max. 21 Uhr (je nach Bad), Weihnachten–Mitte Jan. stark eingeschränkte Öffnungszeiten | Eintritt ab 4,10 Euro | Stockmannsweg 1 | www.aquafoehr.de*

AM ABEND

INSIDER TIPP ▸ HEIMAT-HAFEN

Die Kneipe mit Raucherlaubnis in der ehemaligen Maschinenbauwerkstatt am Alten Hafen ist nicht nur Anlaufstelle für Freizeitkapitäne und Sportbootskipper. Alte Werkbänke dienen als Tresen, um bei geistigen Getränken Seemannsgarn zu spinnen. Wer wissen will, wann es hier live Jazz oder Rock gibt, guckt unter *facebook.com/WyksHeimathafen. In der Segelsaison Di–So ab 18 Uhr, sonst eingeschränkte Öffnungszeiten | Hafendeich 9*

OLYMPIC

Die Schallwellen schwappen hoch in Föhrs Disko, aber nur am Wochenende. *Fr/Sa ab 22–6 Uhr | Eintritt 4 Euro, bis 24 Uhr frei | Koogskuhl 6*

ÜBERNACHTEN

Wie überall auf Föhr, wohnt man auch in Wyk zumeist in Pensionen oder Ferienwohnungen. Wer kurzfristig kommt, findet z. B. im *Haus Jensen (www.haus-jensen.de)*, in der *Pension Friede (www.pension-friede.de)* oder im *Strandhotel (www.strandhotel-foehr.de)* auch in der Hauptsaison manchmal noch ein Zimmer.

DUUS-HOTEL

Das sehr gepflegte Hotel garni liegt direkt am Rathausplatz, ganz nah am Hafen. *22 Zi. | Ende Nov.–Mitte Feb. geschl. | Hafenstr. 40 | Tel. 04681 5 98 10 | www.duus-hotel.de | €–€€*

JUGENDHERBERGE

Um hier zu übernachten, müssen Sie sich vorab schriftlich anmelden. *162 Betten in Zwei-, Vier- und Sechsbettzimmern | Mitte Nov.–Ende Feb. geschl. | Fehrstieg 41 | Tel. 04681 23 55 | www.wyk.jugendherberge.de | €*

KURHAUS HOTEL

Im ehemaligen Kurhaus wurden großzügige, komfortabel-behagliche Zimmer geschaffen, ✂ viele davon mit Meerblick. Sauna, Fitness, Kurhauscafé. *36 Zi. | Nov.–März geschl. | Sandwall 40 | Tel. 04681 7 92 | www.kurhaushotel-wyk.de | €€*

INSIDER TIPP Besichtigungen zugänglich ist, liegt im Norden von Wyk gleich hinterm Deich. *April–Okt. Mo–Fr 10–12 Uhr | Spende erbeten*

WRIXUM (131 D–E4–5) (*C4*)

Boldixum geht nahtlos in Wrixum über, wo neben einigen schönen Friesen-

Beachvolleyballer können am Wyker Südstrand pritschen und baggern

FÖHR TOURISMUS GMBH

Neben der Auskunftsstelle am Fähranleger gibt es eine weitere Tourismusinformation im *Aquaföhr (Stockmannsweg 1)*. Im Veranstaltungszentrum ● *Kurgartensaal (Sandwall 38)* liegen alle wichtigen Flyer und Veranstaltungshinweise aus.

ZIELE IN DER UMGEBUNG

VOGELKOJE BOLDIXUM ●
(131 E5) (*C4*)
Die einzige der sechs Föhrer Vogelkojen, die – sorgfältig restauriert – bei

häusern die *Wrixumer Mühle* sehenswert ist, ein 1851 errichteter, stattlicher Erdholländer, der bis 1960 betrieben wurde. Danach beherbergte er bis 2015 ein Restaurant. Nun will der Wrixumer Mühlenverein dafür sorgen, dass hier zukünftig wieder wie einst Korn gemahlen wird.

1,5 km von Wyk entfernt, aber dafür besonders ruhig verbringen Sie Ihre Urlaubstage im *Inselhotel Arfsten (18 Zi. u. Suiten | Ohl Dörp | Tel. 04681 23 31 | www.arfsten.de | €€–€€€)* am Rand der Marsch. Das Anwesen bietet große Zimmer, zum Teil mit eigener Küche, und einen schönen Garten.

AMRUM

Das kleine Amrum kommt zwar sehr viel bescheidener daher als seine große Schwester Sylt weiter nördlich, ist ihr aber landschaftlich viel ähnlicher als den übrigen Nordfriesischen Inseln mit ihrem ans Festland erinnernden Charakter.

Denn Amrum besitzt – wie Sylt – Dünen, und zwar nicht zu knapp: Vom Leuchtturm im Süden bis fast zur Nordspitze reicht der mal mehr, mal weniger breite Dünengürtel, über 10 km lang ist er. Und Amrum hat einen Strand, von dem sich das unter stetigem S(tr)andverlust leidende Sylt sicher gern eine Scheibe abschneiden würde. Wobei dieser Strand eigentlich gar keiner ist, sondern eine riesige Sandbank. Ihr verdankt Amrum auch seinen Namen, denn auf Öömrang,

dem Amrumer Dialekt des Friesischen, heißt Am Rem nichts anderes als „sandiger Rand".

Dieser Sandrand begann erst vor etwa 300 Jahren, sich an die Westküste Amrums anzulagern, und bis heute verändert sich die Sandbank ständig, wandert langsam von Süden nach Norden. Sie macht mit ihren etwa 10 km² Größe in etwa die Hälfte der 20,5 km² kleinen Insel aus und sorgt mit bis zu 1,5 km Breite dafür, dass der Rest von Amrum relativ gut geschützt ist vor dem Blanken Hans, der aus dem Westen anbrandet. Warum die Amrumer ihrem fulminanten Strand allerdings den Namen ★ *Kniepsand* verliehen haben, ist im Lauf der Zeit versandet. Vielleicht liefert auch hier die friesische Sprache die Erklärung: *kniap*

Kleine Insel mit großartiger Natur: Strand und Dünen, Wald und Wiesen malen ein abwechslungsreiches Landschaftsbild

bedeutet „kneifen, zwicken". Und wer einmal bei einer richtig steifen Brise auf dem „Kniep" unterwegs war, wird sich dieser Deutung des Namens vorbehaltlos anschließen: Im Frühjahr und Herbst verpasst der durch den Wind aufgewirbelte Sand dem Strandwanderer eine Gesichtsmassage vom Feinsten. In der Sommersaison zwickt der Sand aber höchstens in der Badehose. Bewachte Badestrände mit Strandkörben gibt es überall, doch der Weg in die erfrischenden Brandungswellen ist an vielen Stellen weit; da bleibt man schon gern mal in der Sonne liegen ... Für alle Jahreszeiten jedoch gilt eines: An diesem Strand mit dem weiten Blick nach Westen ist Platz für alle – auch in der Hochsaison hat man nie den Geruch der Sonnenschutzcreme des Nachbarn in der Nase, sondern den von Meer und Salz. Und im Rest des Jahres begrüßt man gleich gesinnte Strandspaziergänger mit einem freundlichen „Moin!".

Um zum Strand zu kommen, muss man eine Dünenkette „überwinden", die zwischen Wittdün und der Amrumer Odde im Norden unterschiedlich breit ist. Sie steht unter Naturschutz, ist bei Süddorf, Nebel und Norddorf von Zufahrtswegen durchschnitten und darf ansonsten nur auf Bohlenwegen durchwandert werden. An ihrem östlichen Rand liegen immer von Menschen gepflanzte Schutzwald für die Orte im Inselosten wurde allerdings durch die Orkane zum Jahresende 2013 so stark in Mitleidenschaft gezogen – ca. 40 ha Wald fielen den Stürmen zum Opfer –, dass die Behörden um Spenden für die Wiederaufforstung baten. Mit Erfolg.

Orientierungs- und Aussichtspunkt: das Quermarkenfeuer südlich von Norddorf

mal wieder kleine Heideflächen: violette Erika, gelber Ginster – wunderhübsch. Es gibt vier bis zu 32 m hohe ☀ Aussichtsdünen: bei Wittdün, Süddorf, Norddorf und beim Quermarkenfeuer kurz vor Norddorf. Von allen haben Sie einen phantastischen Blick auf die Nordsee, über die Insel nach Föhr hinüber und im Norden auch nach Sylt.

Im Osten der Dünenkette findet sich etwas für die Nordfriesischen Inseln Einzigartiges: Nicht hier und da ein Wäldchen, nein – ein ganzer 🔴 Waldstreifen, vorwiegend aus Kiefern, liegt wie ein schmaler Gürtel zwischen dem Wittdüner Leuchtturm und Norddorf. Dieser

Inzwischen sind die Neuanpflanzungen abgeschlossen – allerdings sind die jungen Stämme, vorwiegend Laubbäume, bislang erst 1–1,50 m hoch. Bezeichnend übrigens, dass nicht wenige Amrumer die vom Sturm planierten Flächen – nach dem Entfernen der zerborstenen Stämme, versteht sich – als bereicherndes Element der Insellandschaft empfanden: Für einen echten Inselbewohner geht eben nichts über einen unverstellten Blick aufs Meer!

Zwischen Wald und Geest verbindet Amrums einzige echte Landstraße Wittdün mit Norddorf: Nur auf ihr kann der Amrumer Autofahrer mal so richtig Gas geben – aber schneller als 80 km/h fahren hier nur Verrückte. Auf dem Geestrücken liegen – von Süd nach Nord – die Dörfer Steenodde, Süddorf, Nebel und Norddorf, deren Bauerngärten gen Osten, auf der Wattseite, in sattgrüne Marschwiesen übergehen. Ein kleiner Teil dieser Marsch wird noch landwirtschaftlich genutzt, Pferde und schwarzbunte Kühe weiden hier. Sie teilen sich das Land mit einer Vielzahl von Vogelarten, die hier ebenfalls Nahrung finden und auch brüten. Eng wird es freilich in der Zeit des Vogelzugs, aber auch dann bleibt es immer friedlich. Noch friedlicher ist es nur an der Nordspitze Amrums, der Odde. Sie ist Naturschutzgebiet, und das einzige Säugetier, das den Vögeln hier den Platz streitig macht, ist die Kegelrobbe.

Und die Wattseite hat noch mehr zu bieten, nämlich uralte Geschichte: Etliche Hügelgräber aus der Bronzezeit erinnern daran, dass Amrum schon seit etwa 1800 v. Chr. besiedelt ist, und der Krümwal – ein 2 km langer, bis 2 m hoher Damm zwischen Nebel und Steenodde – stellte schon Generationen von Spaziergängern vor die Frage nach seinem Sinn: Vermutlich handelt es sich um einen Grenzwall aus dem 1. Jh., also aus der Wikingerzeit – war es doch im Wattenmeer längst nicht immer so friedlich wie heutzutage. Und auch die Amrumer waren vom 13. bis 15. Jh. im Nebenerwerb Strandräuber, die gern mal im Watt gestrandete Schiffe plünderten, um auf ihrer kargen Insel zu überleben.

Heutzutage ist der Tourismus die wichtigste, wenn nicht die einzige Einnahmequelle der rund 2250 Insulaner, deren Urgroßeltern noch herzlich wenig mit „Fremden" am Hut hatten. Erst 1889 startete der sogenannte Badebetrieb – da waren Wyk auf Föhr und Westerland auf Sylt schon 70 bzw. 35 Jahre im Geschäft. Und auch heute noch möchten viele alteingesessene Amrumer eigentlich lieber unter sich bleiben, begegnen ihren Gästen mit einer gewissen Reserviertheit. Die sollte man als Urlauber aber nicht mit Unfreundlichkeit gleichsetzen, entspringt sie doch auch der Angst vor dem, was man mittlerweile „Syltifizierung" nennt: dicke Autos, viele Zweitwohnungsbesitzer, wenig Respekt vor Traditionen und Natur. Die Insulaner versuchen, ihr Erbe so gut es eben geht zu bewahren, und wer das akzeptiert, wird echte Freunde finden.

Auch die Bautätigkeit auf der Insel unterliegt aus diesem Grund strengen Regeln. Ehe man neu baut, schafft man lieber aus überalterten, kleinen Pensionszimmern großzügigere Ferienwohnungen und Apartments – mit dem Nebeneffekt, dass die Zahl der Gästebetten in den letzten Jahren eher abgenommen hat. Die Übernachtungszahlen (2015: 170 000 Gäste) stagnieren seit einigen Jahren auf hohem Niveau. Das mag aber auch daran liegen, dass viele Urlauber den Winter auf Amrum noch nicht für sich

---

⭐ **Kniepsand**
15 km lang und bis zu 1,5 km breit ist dieser fulminante Strand, der fast die Hälfte der Insel einnimmt → **S. 56**

⭐ **St. Clemens**
Die schmucke, weiße Kirche in Nebel ist ein Hingucker, doch die „erzählenden" Grabsteine auf dem Friedhof sind das eigentliche Highlight → **S. 62**

⭐ **Leuchtturm**
300 Stufen führen zu einem grandiosen Blick über Inseln und Halligen → **S. 69**

MARCO POLO HIGHLIGHTS

entdeckt haben: Dabei ist die Luft dann noch reiner, der Himmel noch klarer. Ruhe ist eingekehrt, und kein Wintergast stört sich daran, dass – außer über Weihnachten und Neujahr natürlich – viele Restaurants und Läden geschlossen sind. Wer in der Saison schlemmen, shoppen und abends etwas unternehmen will, hat allerdings viele Möglichkeiten. Das Veranstaltungsprogramm ist abwechslungsreich und bietet dem Publikum – darunter viele Stammgäste – einen angenehmen Kontrast zu einem Strandtag oder einem langen Spaziergang. Für Jugendliche gibt es Wassersport aller Art, Strandfeten und Diskonächte.

Wer einigermaßen gut zu Fuß ist oder gern Fahrrad fährt, kann getrost ohne Auto nach Amrum reisen. Für Fahrradfahrer gibt es hervorragend gekennzeichnete Radwege, die teilweise parallel zur Landstraße durch Wald und Marsch führen. Rasende Radler sind nicht gern gesehen bzw. sollten Rücksicht nehmen, denn viele dieser Wege werden auch von Wanderern und Spaziergängern genutzt. Und wem beim Wandern die Puste ausgeht: Busse verkehren in der Saison tagsüber halbstündlich, abends (17.30–22 Uhr ab Wittdün und wieder zurück) noch fünfmal in größeren Abständen.

Sie mögen's bequem und gesellig? Dafür gibt's *Insel-Paul (April–Okt., Abfahrtszeiten auf den Hinweistafeln in den Inseldörfern | Fahrt 10 Euro)*, die blau-weiße Inselbahn. Paul ist ein als Lok „verkleidetes" Auto mit zwei Waggons, das Sie in 70 Minuten mit 20 km/h über ganz Amrum kutschiert.

LOW BUDGET

AUSKUNFT FÜR AMRUM

AMRUM TOURISTIK
Gastgeberverzeichnis und Zimmernachweis. *Am Fähranleger | 25946 Wittdün | Tel. 04682 9 40 30 | www.amrum.de* Zimmervermittlung: *Amrum Reservierungsdienst | Strandstr. 6 | Wittdün | Tel. 04682 9 46 40 | www.amrum-reservierung.de*

NEBEL

(132–133 C–D3) (*ⵌ A–B4*) **Amrums Bilderbuchdorf. Alte Friesenhäuser mit blumenbunten Gärten, kleine Läden mit Tischchen davor, mittendrin die hübsche Kirche St. Clemens – Postkartenmotive, wohin man schaut.**

Der historische Dorfkern, dessen älteste Häuser vom Anfang des 16. Jhs. stammen, ist ziemlich gut erhalten. Oft verbinden noch schmale Sandwege die größeren Straßen miteinander, führen an mit Kartoffelrosen bestandenen Friesenwällen vorbei, deren rosa Blüten im Sommer wunderbar duften. Achten Sie mal drauf beim Dorfbummel: Viele der alten Häuser sind nicht im sonst vorherrschenden Weiß gestrichen, sondern in einem dunklen Rostrot, das man Ochsenblut nennt – einst typisch für Nordfriesland. Unternehmen Sie einen solchen Bummel aber möglichst nicht an schönen Sommertagen – dann herrscht im verwinkelten Dorf meist ein heilloses Gewirr aus PKWs, Fahrrädern, Kinderwagen und Flaneuren wie Ihnen.

Ein Ortsteil Nebels ist *Westerheide* (132 C3) (*ⅢⅡ A4*): Einzelhäuser neueren Datums, die jenseits der Landstraße im Wald liegen. Und auch Süddorf und Steenodde gehören zur Gemeinde Nebel, das übrigens nicht deswegen so heißt, weil es sich hier häufiger mal eintrübt – nein, der Name ist friesischen Ursprungs und setzt sich aus *nei* für neu und *bel* für Siedlung/Ort zusammen: Nebel entstand also später als Norddorf und Süddorf.

Im kleinen *Süddorf* (132 C4) (*ⅢⅡ A–B5*) ist es ruhig – es sei denn, es ist Schulschluss: Hier steht nämlich die Amrumer Dörfergemeinschaftsschule, die Öömrang Skuul. Friesen- und (ebenfalls reetgedeckte) Ferienhäuser verteilen sich bekömmlich, und in *Otti's Laden* (*Mo–Do 8–10, 12–13, 17–19, Fr 8–10, 12–13, Sa 8–10, 17–19 Uhr | Waasterstigh 50 | kuestensnacks.de | €*) gibt's „das Nötigste" für den Urlaubstag, außerdem Fisch- und andere Brötchen, Currywurst und Burger, hausgemachte Suppen etc.

Das noch kleinere *Steenodde* (133 D4) (*ⅢⅡ B5*) war schon in vorgeschichtlicher Zeit eine Siedlung; entsprechende Funde, die man am Ortsrand besehen kann (ausgeschildert), weisen darauf hin. Zwischen dem 11. und 19. Jh. diente der winzige Hafen Fischern als Stützpunkt, denen vor allem die Muschel- und Austernbänke im Watt ihr Auskommen sicherten. Als wollte sie an diese Hochzeiten des Fischfangs anknüpfen, verkauft Familie Thaden an der Steenodder Mole in ihrem dem Deckshaus

Eines der schnuckeligen Friesenhäuser, die Nebel zum schönsten Ort Amrums machen

eines Fischkutters nachempfundenen ● *Steuerhaus No 1 (Di–Sa 10–12.30 Uhr bzw. immer, wenn die rote Fahne weht | www.fischvomkutter.de)* Krabben, aber auch Schollen – superfrisch angelandet vom eigenen Kutter „Butjadingen". Auch

Die reetverkleidete Windmühle ist heute Museum und Galerie

im Angebot: direkt an Bord gesiedetes Amrumer Meersalz.

Heute leben übrigens wieder wilde Austern zwischen Amrum und Föhr, von denen in der Austernsaison (Sept.–Mai) etwa 1000 Stück im Monat von Hand gesammelt und in wenigen Restaurants zum Genuss angeboten werden.

SEHENSWERTES

AMRUMER WINDMÜHLE

Wenn Sie wissen wollen, wie dieser sogenannte Erdholländer 1770/71 nach Amrum kam, dann müssen Sie auf dem St.-Clemens-Friedhof den Grabstein von Erk Knudten suchen, der erzählt diese spannende Geschichte. Ihre Reetverkleidung bekam die – immer noch funktionsfähige – Mühle erst auf der Insel. Im Erdgeschoss erzählen Bilder und Texttafeln Amrumer Geschichte, und zwei- bis viermal pro Saison zeigen Künstler aus der Region Amrumer Motive. Auf der anderen Straßenseite liegt ein berührender kleiner **INSIDER TIPP** *Friedhof* mit 32 Gräbern – dem Meer zum Opfer Gefallene, unbekannt. *April–Okt. tgl. 10.30–13 u. 14.30–17, Mo bis 16, So ab 11 Uhr | Spende erbeten | www.amrumer-windmuehle.com*

ÖÖMRANG HÜS

Das Schönste in diesem historischen Friesenhaus aus dem 17. Jh. ist die mit weißblauen Motiven gekachelte Wand in der Wohnstube. Um diese warm zu halten, wurde sie mit einem *Bilegger* beheizt, während noch viel ältere Feuer- und Kochstelle in der Küche *Eldag* hieß. Wie all das einst funktionierte, können Sie hier betrachten. Ergänzt wird das Ensemble durch eine jährlich wechselnde Ausstellung zur Geschichte Amrums. *Hauptsaison Mo–Fr 11–13.30 u. 15–17, Sa 15–17, sonst Mo–Fr 15–17 Uhr | Spende erbeten | Waaswai 1 | www.oeoemrang-hues.de*

ST. CLEMENS ★

Das – bis heute reetgedeckte – Kirchenschiff baute man zuerst, in seiner Urform vermutlich so um 1200. Drum herum wuchs nach und nach das Dorf Nebel. Der Turm wurde erst 1908 errichtet: Alles in allem entstand so eine für Nordfriesland ungewöhnliche Kirche – schlank und rank, weiß und einladend. Drinnen sollten Sie auf den Apostelfries aus dem 14. Jh. und das schöne Kruzifix vom Ende des 15. Jhs. achten.

Und draußen stehen Sie mitten in einer wahren Schatzinsel: dem INSIDER TIPP *Friedhof*. Der Vergleich mit Robert Louis Stevensons berühmtem Roman hinkt nur ein bisschen, erzählen viele der 169 Grabsteine, -platten und -fliesen – die ältesten aus dem 17. Jh. – doch das Leben von Amrumer Seefahrern, die es durchaus mit Long John Silver aufnehmen konnten, in Stein gemeißelte Insel- und Familiengeschichten. Nachdem die denkmalgeschützten Grabsteine immer mehr verwitterten, wurden sie 2013–15 allesamt aufwendig restauriert, neu aufgestellt, nach Berufen und Familien geordnet und jeweils mit einem QR-Code versehen, sodass man nun die Vita jedes einzelnen Gestorbenen INSIDER TIPP vor Ort nachlesen kann *(www.erzaehlende-steine.de)*.

Dem Lebendigen zugewandt sind die regelmäßigen Konzerte *(meist samstagabends | Eintritt frei, Spende erbeten). Tgl. 9–17 Uhr | Kirchen- und Friedhofsführungen Mitte April–Mitte Okt. Di 17 Uhr | www.amrum-kirche.de*

ESSEN & TRINKEN

FRIESEN-CAFÉ
Gemütlich! Das gilt auch für den Garten – wenn's einigermaßen warm ist natürlich. Die Friesentorte ist sehr zu empfehlen, das ist schon der Tradition des Hauses geschuldet. *Di geschl. | Uasterstigh 7 | www.friesen-cafe.de*

INSIDER TIPP LIKEDEELER
Gemütliches Restaurant im letzten Haus des Dorfs, mit Garten direkt am Watt.

INSELMALER

Seit jeher ziehen die Nordseeinseln Kunstschaffende an, vor allem Maler. Für sie sind die ständig wechselnden Lichtverhältnisse, die immer wieder neue Stimmungen am Himmel, auf dem Wasser und in der Landschaft schaffen, Herausforderung und Inspiration zugleich. Viele berühmte Maler haben im Lauf der letzten 150 Jahre die Inseln besucht, und heute gibt es keine Insel, die ohne „ihre" Künstler ist. Ein schönes Beispiel ist die „Himmelsmalerin" Emmy Jensen (s. S. 77) auf Pellworm, die in ihren Werken versucht, die Faszination des hohen Himmels über dem Meer einzufangen. Auf Amrum zaubert Kai Quedens in unaufdringlicher Farbigkeit Motive seiner Heimatinsel auf Papier und Leinwand (zu sehen u. a. in *Norddorf | Strunwai 22*).

Auch auf Föhr lebt eine ganze Reihe von Künstlern, so malt hier z. B. Gregor Swoboda (S. 38) seine Meer-und-Himmel-Landschaften. Unvergessen und immer noch präsent ist Axel Gerhard (DAX, s. S. 42): Seine farbkräftigen Bilder erinnern auch in der Motivwahl unwillkürlich an Emil Nolde, der seine schönsten Werke ebenfalls hier im Norden schuf. Bei aller Liebe zum Heute darf Otto Heinrich Engel (1866–1949) nicht unerwähnt bleiben. Der „Maler der Insel Föhr" hat zu seiner Zeit wie kein anderer das Leben auf der Insel darzustellen vermocht. Liebevoll, aber ohne zu romantisieren, „beschrieb" er den harten Alltag der Menschen in der Schönheit der sie umgebenden Natur. Viele seiner Werke können Sie im MKdW (s. S. 41) in Alkersum betrachten.

„Meeresbrühe" (Fischsuppe), Lammfleischsalat oder Spaghetti „Hubsand" (mit Muschelfleisch, Fischwürfeln und Knobi) bereiten kulinarisches Vergnügen. Abends kommt man gern auf ein Bier. *Mi–Mo ab 17 Uhr | Stianoodswai 29 a | Steenodde | Tel. 04682 777 | www.like deeler-amrum.de | €€–€€€*

PREESTER'S HÜS

Speisen in der Friesenstube vor dem Kachelofen und auf Häkeldeckchen. Es gibt frischen Fisch direkt vom Kutter: Rotzunge, Nordsee-Seezunge oder Baby-Steinbutt, dazu Miesmuscheln und gute Steaks. Mittags gibt es Smörrebröd in sieben Varianten und Backfisch. Herrlich gemütlich! *Tgl. | Waasterstigh 17 | Tel. 04682 99 53 35 | www.preestershues.com | €€*

SEEKISTE

Dieses Restaurant hat wirklich etwas von einer Seemannskiste, einer höchst gemütlichen! Spezialitäten wie „friesische Tapas", Lammfrikadellen oder Scholle tragen das Ihrige dazu bei. Apropos: Voll ist es hier immer, man sollte zeitig reservieren. Wintergarten und Gartenterrasse. *Mo u. 15. Nov.–14. März geschl. | Smääljaat 2 | Tel. 04682 6 40 | www.seekiste-amrum.de | €€–€€€*

RISTORANTE VENEZIA

Nein, keine Pizzeria! Sondern ein Restaurant, in dem (Nordsee-)Fisch und Fleisch durch italienische Kochkunst veredelt werden. Es gibt aber auch Spaghetti & Co. und gute Pizzas. Günstiger Mittagstisch; Terrasse. *Mi mittags geschl. | Höwjaat 2 | Tel. 04682 96 15 26 | €€*

INSIDER TIPP ▶ WELTENBUMMLER

Bei Jes Autzen werden Sie sich wohlfühlen: Zanderfilet mit Krustentiersauce oder Lammhüfte mit Rotweinjus machen genauso viel Spaß wie der friesisch-charmante Service und die guten Weine. Überdachte Terrasse für den Nachmittagsimbiss. *Di–So ab 17.30 Uhr | Stianoodswai 17 | Steenodde | Tel. 04682 9 42 40 | www.weltenbummler-amrum. de | €€–€€€*

EINKAUFEN

DÖRNSK AN KÖÖGEM

In der schnuckeligen „Stube und Küche" gibt's Geschenkartikel aller Art und Gartendeko. Der Clou: Mittendrin und draußen vor der Tür oder im Hofgarten serviert Hilke Friedrichs Getränke aller Art und essbare Kleinigkeiten – süße und herzhafte wie das hausgemachte Ofenbrot mit Krabben und Spinat *(€)*. *So geschl. | Uasterstigh 19*

FARBRAUSCH

Eintreten, Zeit mitbringen, Keramikrohling (Becher, Teller etc.) aussuchen und mithilfe der freundlichen Inhaberinnen selbst bemalen. Ein paar Tage später das gebrannte und glasierte tönerne Kunstwerk abholen. *In der Saison Di–Fr 10–13 u. 14–17, sonst Mo–Do 13–17 Uhr | Smäswai 24 | www.farbrausch-amrum.de*

HOONWERK

Formschöne Keramik – Deko- und Gebrauchsartikel – in dezenter Farbgebung. Kreatives „Handwerk" eben, denn nichts anderes bedeutet der friesische Name des kleinen Ladens. *So geschl. | Uasterstigh 9a*

STRÄNDE

Zum Strand sind es vom Ortskern gut 1,5 km auf einem schönen Weg durch den Ortsteil Westerheide, Wald und Dünen. Für die gastronomische Versorgung sorgt am Strandübergang der *Strandpirat (Mo geschl. | Tel. 04682 96 81 20 |*

Nicht nur kulinarische Schätze birgt das Restaurant „Seekiste"

www.strandpirat-amrum.de | €–€€) mit einem schönen Holzdeck.

AM ABEND

Junge und Junggebliebene zieht es in die ehemalige Kniepsandhalle am Strandübergang, die seit 2015 unter dem Namen *54° Nord* als Location für Diskopartys und Events aller Art dient (Termine in „Amrum aktuell"). Leute, die es gemütlicher mögen, nehmen ihre Drinks in der *Bar Nautilus (Uasterstigh 17)* mit Raucherlaubnis oder beim *Weinfriesen (Sa geschl., Nebensaison auch So | Strunwai 20 | Tel. 04682 739 | €),* bei dem es bis 23 Uhr auch Flammkuchen gibt – drinnen und auf der beheizten Terrasse.

ÜBERNACHTEN

HOTEL-RESTAURANT FRIEDRICHS ☀

Im Ortskern von Nebel nach wie vor „die" Adresse; aus vielen Zimmern schauen Sie aufs Wattenmeer. Beliebtes gutbürgerliches Restaurant *(So geschl.)* mit Biergarten. *9 Zi., 3 Suiten | Uasterstigh 18 | Tel. 04682 94970 | www. hotel-friedrichs.com | €€–€€€*

INSIDER TIPP KAPITÄN TADSEN
(133 D3) (*Ⳍ D3*)

Dicht am Wattenmeer liegt dieses ruhige Haus. ☀ Vier seiner acht großzügigen, hellen Zimmer gewähren Meeresblick. Auch fünf Apartments, großzügige Gartenanlage, Wellnessbereich mit Schwimmbad, Sauna, Fitness etc. *Stianoodswai 17 | Steenodde | Tel. 04682 94240 | www.inselhotel-tadsen.de | €€*

WAASHÜS

Sieben komfortable Ferienwohnungen für zwei bis sechs Personen in einem bildhübschen Reetdachhaus nicht weit vom Wattenmeer. *Waaswai 5 | Tel. 04682 2645 | www.amrum-waashues. de | €–€€*

AMRUM TOURISTIK NEBEL ●

Information, Zimmernachweis und W.D.R.-Fahrkarten. *Hööwjaat 1a (im Haus des Gastes) | 25946 Nebel | Tel. 04682 9 43 00*

NORDDORF

(132 B–C 5–6) *(Ⓜ A4)* **Amrums nörd-
lichste Gemeinde ist heute ein anerkanntes Heilbad mit vielen der Attraktionen, die so dazugehören.**

Das ist noch nicht sehr lange so: Bis zum Ende des 19. Jhs. war das Dorf klein und arm – im östlichen Ortsteil findet man noch einige Friesenhäuser, die daran erinnern, auch wenn sie mittlerweile schmuck restauriert sind. Die Ära des Tourismus läutete 1890 dann der Bau der Bodelschwingh'schen Hospize und des Seepensionats Hüttmann ein, deren Bauweise – u. a. mit Hart- statt Reetdach – seitdem das Ortsbild prägt. In der Ortsmitte hat das schöne Hotel Hüttmann den Charme des klassischen Seebads bewahrt, und die Architektur des 2014 an alter Stelle neu errichteten Seeheimgebäudes mit Kino und Laden-
geschäften knüpft auf schönste Weise an diesen Bäderstil an. Gegenüber führt die von Häusern aus dem späteren 20. Jh. gesäumte Fußgängerzone *Strunwai* in Richtung Strand: Alles zusammen ergibt ein ganz eigenes, aber durchaus harmo-
nisches Ortsbild.

AMRUM-ODDE (128 B–C4) *(Ⓜ A–B4)*

Die sandige Landzunge ganz im Norden ist ein Naturschutzgebiet, das Sie bei ei-
ner Führung des Vogelwarts *(März–Okt. Di–So 10 Uhr | Spende erbeten | Treff-
punkt Vogelwarthaus auf der Wattseite)* kennenlernen können. Hier starten auch die 8 km langen Wattwanderungen nach Dunsum auf Föhr. Die Odde wird übrigens ganz langsam größer: Teile des Sands, der bei Stürmen der Südspitze Sylts, der Hörnumer Odde, verloren geht, werden von der Strömung an Amrums Nordspitze angelagert.

Auf dem *Jungnamensand* vor der Odde hat eine Kolonie der gefährdeten Kegelrobben ein Refugium gefunden und zieht hier ihre Jungen groß.

NATURZENTRUM ● ●

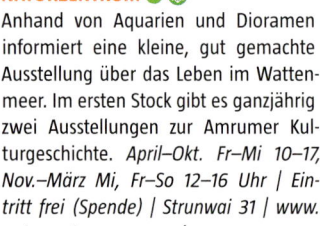

Anhand von Aquarien und Dioramen informiert eine kleine, gut gemachte Ausstellung über das Leben im Wattenmeer. Im ersten Stock gibt es ganzjährig zwei Ausstellungen zur Amrumer Kul-
turgeschichte. *April–Okt. Fr–Mi 10–17, Nov.–März Mi, Fr–So 12–16 Uhr | Ein-
tritt frei (Spende) | Strunwai 31 | www.
naturzentrum-amrum.de*

Ein paar Dutzend Meter weiter in Rich-
tung Strandübergang hängt seit 2017 in einer Halle eine 13 m lange Attraktion

an Haken: das präparierte **INSIDER TIPP** *Skelett eines jungen Pottwals*, das man umkreisen und unter dem man hindurchgehen kann. Wie es hierher kam, wird auch erklärt – die gleichermaßen faszinierende wie traurige Geschichte der Wale.

ESSEN & TRINKEN

CAFÉ SCHULT

Kuschelig-plüschig, aber keinesfalls verstaubt. Im Sommer ist die Terrasse immer voll. Anständiges Frühstück, tolle Torten. Probieren Sie den unvergleichlichen Schokokuchen! *Tgl. | Ual Saarepswai 9 | www.cafe-schult.de*

SEEBLICK

Das Restaurant ist Mitglied im Verein „Feinheimisch" *(www.feinheimisch.de)*, der regionale Produkte fördert, und serviert u. a. Amrumer Wildaustern oder Susländer Schweinerücken. Auch Hotel mit Schwimmbad und Spa *(42 Zi., 6 Suiten | €€€). Strunwai 13 | Tel. 04682 92 10 | www.seeblicker.de | €€–€€€*

DE STRUNLUKKER

Ob Matjestatar oder Lammrücken, Linseneintopf oder Steak von der Hochrippe – norddeutsch, saisonal, kreativ sind die Etiketten dieser Küche, die auch von Slowfood empfohlen wird. *Sa geschl. | Strunwai 31 | Tel. 04682 9 68 94 40 | www.destrunlukker.de | €€–€€€*

UAL ÖÖMRANG WIARTSHÜS

Das „alte Amrumer Wirtshaus" besitzt eine Gaststube wie aus einem altfriesischen Bilderbuch. Gekocht wird, wo immer es geht, mit Produkten aus der Region. Unbedingt probierenswert: das Labskaus, manchmal auch vom Lamm! Hotel mit zwölf gemütlichen Zimmern unter Reet *(€€)* und sieben schicken Suiten im neuen Landhaus *(€€€)* gegenüber. *Mi–Mo ab 17 Uhr | Bräätlun 4 | Tel. 04682 9 61 45 00 | www.uöw.de | €€*

EINKAUFEN

INSELGOLDSCHMIEDE C. RICKMERS

Geschmackvolle, unverwechselbare Schmuckstücke, viele davon stammen

Gehört zum Amrum-Urlaub dazu: die Wattwanderung von der Odde nach Dunsum auf Föhr

aus dem eigenen Atelier. *Lunstruat 1 | www.rickmers-schmuck.de | Filialen in Wittdün, Inselstr. 17 u. Wyk a. Föhr, Große Str. 15*

SPORT & STRÄNDE

Toller Strand, toller Blick und viel Action im Angebot. Fürs kulinarische Strand-

AM ABEND

LICHTBLICK ●

Traditionsreiches Kino im neuen Seeheimgebäude mit zwei Sälen und modernster Technik. Nachmittags Kinderfilme. *März–Okt., Weihnachten–Mitte Jan. | Triihuk 1 | Tel. 04682 9 62 00 | www.kino-amrum.de*

Seit 1875 schickt der Amrumer Leuchtturm sein Licht hinaus in die Nacht

erlebnis ist das 🏖 *Strand 33 (März–Okt. Do–Di | Tel. 04682 96 15 55 | www.strand33.de | €€)* zuständig, das bei bester Aussicht u. a. Salate, Burger und Flammkuchen serviert und ab und an auch zu Chill-out-Partys oder Barbecues lädt.

INSIDER TIPP ▶ MINIGOLF

Hier werden sogar Minigolf-Profis zur Verzweiflung getrieben: Auf dem Platz, der am südlichen Ortseingang am Rand der Dünen liegt, gilt es, den Ball auf 18 teilweise anspruchsvollen und witzigen Bahnen einzulochen. *Tgl., je nach Witterung*

ÜBERNACHTEN

LANDHAUSHOTEL PENSION FLOR

Versteckt mitten im Ortskern wohnen Sie ruhig in neuen, reetgedeckten Friesenhäusern auf einem eingewachsenen Gartengrundstück. *13 Zi., 10 Fwg. | Ual Saarepswai 11 | Tel. 04682 9 43 10 | www.pension-flor.de | €€*

HOTEL HÜTTMANN

Das renommierteste Hotel Amrums. Im Restaurant sind Wildgerichte die Spezialität. Nettes Bistro, Kaffeegarten, Wellness- und Beautybereiche mit allem Drum und Dran. Abendlicher Treffpunkt ist die *Entenschnack-Bar* mit umfangreicher Cocktailkarte. *50 Zi. | Ual Saarepswai 2–6 | Tel. 04682 92 20 | www.hotel-huettmann.de | €€–€€€*

MEIN INSELHOTEL
Von außen eher unscheinbar, aber drinnen umso einladender: Liebevoll, hell, und modern-maritim hat Kerstin Jöns ihr Haus eingerichtet. Chef(koch) Gunnar Jöns bewirtet Hausgäste abends mit einem Menü. Sauna und Dampfsauna. *15 Zi. | Madelwai 4 | Tel. 04682 9 45 00 | www.mein-inselhotel.de | €€*

DORFHOTEL ÜTJKIEK
Gemütliches kleines Hotel nahe der Ortsmitte. Besitzer Gerd Schult sorgt mit viel Liebe für eine Fühl-dich-wie-zu-Hause-Atmosphäre und kocht exklusiv für seine Gäste jeden Dienstag ab 18 Uhr ein kleines Menü. *10 Zi. | Ostern–Mitte Okt. | Ual Jaat 4 | Tel. 04682 20 42 | www.uetjkiek.de | €€*

AUSKUNFT

AMRUM TOURISTIK NORDDORF
Informationen, Zimmernachweis, Fundbüro und W.D.R.-Fahrkarten. *Ual Saarepswai 7 | 25952 Norddorf | Tel. 04682 9 47 00*

ZIEL IN DER UMGEBUNG

VOGELKOJE MEERAM (132 B2) (*m A4*)
Bis 1937 wurden hier, westlich der Straße nach Nebel, Enten gefangen. Wie das funktionierte, zeigen die beiden restaurierten „Pfeifen" der Entenkoje. Drum herum krähen Hähne, gackern Hühner, und es führt ein Bohlenweg in weitem Bogen um die Koje – durch Dünen, vorbei an Teichen, Bruchwald und Heide – mit Beobachtungspunkten und Infotafeln zu Flora und Fauna (z. B. der seltenen

Kreuzkröte). Im nahen Dünental wurden ein Steinzeitgrab und **INSIDER TIPP** Reste eines eisenzeitlichen Dorfs aus dem 1. Jh. gefunden. Auf diesem Areal ist seit 2014 der Nachbau eines Hauses aus derselben Epoche zu besichtigen, errichtet aus Schilf, Stangenholz und Grassoden.

WITTDÜN

(133 E5) (*m B5*) **Der jüngste Ort Amrums wurde 1889 gegründet und ist – wie Norddorf – das, was man ein anerkanntes Heilbad nennt.**

Besonders schön ist er auf den ersten Blick allerdings nicht, was auch daran liegt, das im Zuge des Touristenbooms in den 1970er-Jahren viel und relativ planlos gebaut wurde. Sehr schön zum Spazierengehen sind allerdings die alte Strandpromenade, die um den Ort herumführt, und oberhalb von ihr die Obere Wandelbahn: Watt'n Blick aufs Wattenmeer! Ansonsten ist Wittdün unscheinbar, im Herbst und Winter gar trist. Die nach Norden in die Inseldörfer führende Hauptstraße ist in der Hochsaison oft restlos vollgestopft und ein gutes Beispiel, warum man das Auto auf Amrum nicht benutzen sollte – es gibt so gut wie keine Parkplätze.

SEHENSWERTES

LEUCHTTURM ★ ☆ (132 C4–5) (*m B5*)
Den grandiosen Blick über Inseln und Halligen vom höchsten Leuchtturm der deutschen Nordseeküste (66 m inkl. Düne) muss man sich erklettern: 295 schweißtreibende Treppenstufen – davon 123 bis zum Fuß des Turms – sind der Preis. *Mitte April–Okt. Mo–Fr 8.30–12.30, Mi bis 14 Uhr, Feiertage und bei widriger Witterung geschl. | Eintritt 3 Euro | an der Hauptstraße Richtung Nebel*

YACHT- UND SEEZEICHENHAFEN

Ein netter kleiner, halbstündiger Spaziergang an der Wattseite, dann sind Sie am Hafen. Hier liegt die „Ernst Meier-Hedde", Amrums Seenotrettungskreuzer. Und in der Segelsaison kommen natürlich auch reichlich Optimisten, Yachten und Jollen dazu. Gleich nebenan (Betreten verboten) können Sie darüber staunen, wie riesig die knallgrünen oder neonroten Bojen und Tonnen sind, die auf der Anreise von der Fähre aus noch so handlich aussahen.

ESSEN & TRINKEN

KAFFEEFLUT

Frische Brise in Wittdün: erfrischender Service, hausgemachte Kuchen und Torten. Selbst gemacht sind Eis, Suppen und Snacks aller Art. Tolles Frühstück. Terrasse auch abseits der Hauptstraße. *Tgl. | Inselstr. 24 | Tel. 04682 96 88 65 | www. kaffeeflut.de | €*

SEEFOHRERHUS

Außen bunte Fischerhütte, innen puristisch-modern: Mit Blick auf den Yachthafen genießt man Regionales mit mediterranem Touch – von Friesenpaella über Amrumer Pannfisch bis Seefohrer-Burger. Überdachte Terrasse; günstiges Mittagsmenü. *Do geschl. | am Seezeichenhafen | Tel. 04682 14 51 | www.seefohrerhus. com | €€*

WATT'N BLICK

Feine, leichte Küche im modernen Restaurant des Hotels Weiße Düne; ob Meeresfrüchtebrühe, Lammhaxe oder Fischplatte für zwei. Von der ❀ Terrasse herrlicher Blick nach Föhr. *Tgl. | Inselstr. 59 | Tel. 04682 94 00 00 | €€*

EINKAUFEN

BIO DÜNE 🌿

Gut sortierter Naturwarenladen, der Einheimische und Urlauber mit Lebensmit-

Im Seezeichenhafen geht's bunt zu, denn hier lagern die Tonnen zur Markierung der Seewege

teln, frischem Gemüse und Obst aus kontrolliert ökologischem Anbau, Kosmetik, Papier, Kleidung, Holzspielzeug und Geschenkartikeln versorgt. *Inselstr. 41 | www.bio-duene.de*

INSEL GALERIE

Die Nordfriesischen Inseln inspirier(t)en Künstler aller Genres zu Bildern, Bronzen und Keramiken, Gläsern und Schmuck ... Die zum Teil wirklich schönen Stücke können Sie hier bewundern und erstehen. *Inselstr. 23 | www.amrum-galerie.de*

QUEDENS

In dieser Buchhandlung finden Sie `INSIDER TIPP` alles über Amrum und fast alles über Nordfriesland – ein Fest für Fans gut gemachter Bücher und toller Fotobände. *Inselstr. 35–37 | www.quedens.de | Filiale in Norddorf, Strunwai 22*

SPORT & STRÄNDE

Südlich vom Ortszentrum liegt der schmale Strand. Wiederum südlich davon schafft die zum Fährhafen weisende Nehrungszunge des Kniepsands eine geschützte Bucht für Windsurfer-Anfänger & Co. Der kleine Süßwassersee *Wriakhörn* liegt auf der Nehrung südlich vom Badeland zwischen Dünen und Kniepsand.

AMRUM-BADELAND ● (133 D5) (*Ш B5*)

Meerwasserwellenbad (30 Grad) mit dem Gesundheitszentrum *Amrumspa* (Fitnessstudio, Physiotherapie), Solarien, Saunen, und Rasul, einem orientalischen Dampf- und Heilschlammbad. Specials wie `INSIDER TIPP` „Mitternachtsbaden" bei Kerzenschein oder „Orientalische Nacht" mit Aufgüssen bis 24 Uhr. *Wellenbad Di 10–22, Mi–So 10–18 Uhr; Saunalandschaft Di 10–22, Mi–Fr 10–20, Sa/So 10–18 Uhr | Eintritt Wellenbad ab 6 Euro/ Std. | Tel. 04682 94 34 31 (Badeland) u.*

9 61 58 88 (Amrumspa) | www.wittduen. net | www.amrumspa.de

AM ABEND

BLAUE MAUS (133 D5) (*Ш B5*)

Weniger Kneipe als vielmehr Institution. Etwa 300 Whisk(e)y- und viele Rumsorten werden ergänzt durch kultige Mixturen wie den „Strandhafer". Was zu essen gibt's aber auch, z. B. frische Muscheln. Ab und an Livemusik. *Do (im Winter Di–Do) geschl. | Inselstr. 107 | www. blauemaus-amrum.de*

ÜBERNACHTEN

AMRUMER WELLE ☼

Wohnen in der ersten Reihe: fünf Ferienwohnungen vom Feinsten – mit Loggia oder Dachterrasse und Traumblick übers Wattenmeer – in einem Apartmenthaus aus dem Jahr 2008. Unter denselben Kontaktdaten können Sie auch weitere Apartments *(€–€€€)* an Amrums Südspitze buchen. *Obere Wandelbahn 16 a/b | Tel. 04682 44 44 u. 04681 6 05 | www.amrum-foehr.de | €€€*

CAMPINGPLATZ AMRUM

(132 C5) (*Ш A5*)

Die 2,5 ha große Anlage mit 200 Plätzen liegt sehr schön mitten in den Dünen (Sandheringe nicht vergessen!). Es gibt auch Mietwohnwagen. *Nov.–März geschl. | Inselstr. 125 | Tel. 04682 22 54 | www.amrum-camping.de*

WEISSE DÜNE

Behagliches und gepflegtes kleines Haus mit modernen, hellen Zimmern, die teilweise über Balkon oder Terrasse verfügen. Schwimmbad, Sauna, Solarium und Restaurant. *12 Zi., 1 Suite | Achtern Strand 6 | Tel. 04682 94 00 00 | www. weisse-duene.de | €€–€€€*

PELLWORM

Das Wetter ist klar, die Fähre legt auf Nordstrand ab – und schon sehen Sie ihn in der Ferne, den Pellwormer Leuchtturm, Seezeichen und Wegweiser. Dann kommen Sie ihr langsam näher – Pellworm (134 A–C 4–6) (D–E 6–7), einer Perle im Wattenmeer, von einer Schale namens Deich rundum vorm Blanken Hans geschützt.

Um endgültig auf Pellworm anzukommen, müssen Sie jedoch über den 1,5 km langen Damm fahren, der den Fähranleger mit der Insel verbindet, und sich durch den nicht wirklich hübschen Hauptort Tammensiel tasten – erst jetzt liegt es wirklich vor Ihnen, Ihr Zuhause für die nächsten Tage. Dieses Zuhause auf Zeit ist 37,5 km² klein, hat 1160 Ew. und ist seit 1997 Nordseeheilbad mit 1900 Gästebetten. Sogar in der Hochsaison werden Sie hier Ruhe finden.

Auf Pellworm erheben sich die vielen Bauernhöfe stolz auf Warften mitten in den Kögen, die meisten Häuser stehen in Reih und Glied auf oder an den Binnendeichen, die die Köge unterteilen. Überall in diesen Kögen verlaufen Gräben, die das zum Teil unter dem Meeresspiegel liegende Koogland entwässern. Durch Schöpfwerke im Außendeich und die Schleuse („Siel") in Tammensiel wird der Wasserstand reguliert. Dieser 8 m hohe Außendeich schützt die Insel, logisch. Und wer schützt den Deich? Neben ein paar Menschen sind das die allgegenwärtigen Schafe! Sie sind nicht nur dekorativ und schmecken gut, z. B. als Deichlamm, sondern sie halten das

Mitten im Wattenmeer – zwischen Schafen auf den Deichen und Gänsen auf den Wiesen – finden Ruhesuchende ein Refugium

Deichgras kurz und treten mit ihren Hufen die Deichkrone fest, wobei sie auch noch die Wühlmauslöcher verschließen. Eine Besonderheit Pellworms ist die Püttenlandschaft im Süden und Südwesten der Insel. *Pütten* sind kleine Seen, die entstanden, als man an diesen Stellen Erde für den Deichbau entnahm. Das Terrain wurde dadurch unbrauchbar für die Landwirtschaft, und man überließ es sich selbst. Heute stehen die schilf- und riedumgürteten Pütten als Brut- und Rastgebiet vieler Vögel unter Naturschutz und

haben neben den weiten Wattflächen jenseits der Deiche ihren Anteil daran, dass die Insel ein Vogelparadies ist. Ansonsten ist Pellworm eher ein Paradies für Bauern: Auf den fruchtbaren Böden werden vor allem Getreide, Raps, Rüben und Mais angebaut. Und immer noch ist es ein Erlebnis, im Frühling und Sommer inmitten von gelb strahlenden Raps- und goldglänzenden Kornfeldern zu radeln, auch wenn die traditionell angebauten Sorten an vielen Stellen durch Maisfelder ersetzt wurden, deren Ertrag die inseleigene Biogasanlage am Laufen hält. Diese garantiert neben dem einstmals größten Hybridkraftwerk Europas (Solar- und Windpark) die Versorgung Pellworms mit Energie, und zwar pro Jahr mit dreimal

nach B? Dafür gibt es den „Rufbus" *(April–Okt. | Tel. 04844 2 22),* der seine Fahrgäste nach Anruf (45 Min. vorher!) an der gewünschten Haltestelle abholt, den Kleinbus des Inselfahrdienstes *(6 Euro/*

Werden die Felder bestellt, folgen Futter suchende Möwen dem Trecker

mehr Strom als auf der Insel verbraucht wird. Dies machte Pellworm zur „Modellregion für die Energiewende": Der überschüssige Strom wird in Batterien gespeichert, bei Bedarf abgerufen und auch aufs Festland exportiert.

Die Fähre von Strucklahnungshörn auf Nordstrand benötigt etwa 35 Minuten und legt bis zu achtmal täglich an und ab. Vom Fähranleger gibt es einen kostenlosen Bustransfer zum alten Hafen und zur Kurverwaltung in Tammensiel. Von dort bringt Sie der Bus auch wieder zur Fähre – eine halbe bis eine Viertelstunde vor dem Ablegen. Und wie kommen Sie ohne eigenes Auto auf der Insel von A

Person u. Fahrt | Tel. 04844 15 15) und natürlich etliche Fahrradverleiher.

SEHENSWERTES

HAFEN

Hier liegen Krabbenkutter, Arbeitsschiffe und Ausflugsdampfer. Der kleine Yachthafen bildet den Kopf der Mole. Am Fuß des Hafenbeckens liegt die Schleuse, durch die das Marschland entwässert wird. Auf dem Kai komplettieren das Schifffahrtsmuseum „Seefahrt tut not" (s. S. 76) und das *Fischrestaurant Nordseeblick (Mo geschl. | auch 5 Fwg. | Tel. 04844 2 11 | €)* das maritime Ensemble.

INSELMUSEUM ★ ●

Klein, aber oho! Im Haus der Touristinformation illustriert das vorbildlich gestaltete kleine Museum mit Schautafeln, Fotos, Exponaten und Modellen die Geschichte und die Geologie der Insel, und es macht anschaulich, wie die Insulaner hier einst lebten und arbeiteten. *Mo–Fr 9–16, Sa/So 10–17, Winter Mo–Fr 9–15 Uhr | Eintritt frei, Spende erbeten | Uthlandestr. 2*

LEUCHTTURM ★ ☼

37 m ist er hoch, der 1907 errichtete rote Leuchtturm mit der weißen Bauchbinde. Im Rahmen einer Gruppenführung können Sie ihn besteigen (Kinder erst ab 8 Jahren). Wer sich in luftiger Höhe das Jawort geben will, wendet sich an die Touristinformation oder an Ursula Pelzl *(Tel. 04844 71143 37 | www.leuchtturmhochzeit.de). Termine u. Tickets bei der Touristinformation | Eintritt 5 Euro*

RUNGHOLTMUSEUM BAHNSEN

Wattführer Hellmut Bahnsen sammelt im Watt Überreste versunkener Siedlungen wie Rungholt. Durch seine beträchtliche Sammlung führt er nach telefonischer Absprache selbst. Auch höchst unterhaltsame **INSIDER TIPP** Wattführungen *(Termine in „Pellworm heute" | Dauer 1,5 Std. | 5 Euro)* bieten er und seine Frau Rita an. *Eintritt 5 Euro | Westerschütting 2 | Tel. 04844 99 09 06*

ST. CRUCIS/NEUE KIRCHE

Die 1662 erbaute Kirche liegt mitten auf der Insel am Liliencronweg, umgeben von alten Bäumen. Sie wurde 1998 nach einem Brand komplett renoviert. Einige Stücke ihrer Ausstattung stammen aus Kirchen, die 1634 bei der Burchardiflut zerstört wurden, so der wertvolle Altaraufsatz von 1520. Sehenswert ist auch die Kanzel von 1638. *Erntedankfest–Ostern tgl. 10–16, Ostern–Erntedankfest*

tgl. 10–18 Uhr außer während der Gottesdienste

ST. SALVATOR/ALTE KIRCHE ★

Die Geschichte der Alten Kirche beginnt im 11. Jh., im Zeitalter der Romanik. Dieser Baustil ist im Chor und seiner Apsis und auch am Kirchenportal noch gut erkennbar. Der Altar hingegen ist spätgotisch, er wurde etwa 1460 geschaffen. Sein aus Eiche geschnitzter Aufsatz stellt sieben Stationen der Leidensgeschichte Jesu dar. Die bronzene Taufe von 1475 stammt aus Buphever auf der Insel Strand, die 1634 bei der Burchardiflut unterging. Das klingende Highlight und die eigentliche Attraktion im Kirchenschiff ist aber die *Arp-Schnitger-Orgel* – das einzige erhaltene Instrument des berühmten Orgelbauers in Schleswig-Holstein. Bei den regelmäßig stattfindenden **INSIDER TIPP** Orgelkonzerten können Sie sich vom brillanten Klang der Orgel überzeugen, die 1987–90 umfänglich restauriert worden ist.

An der Seeseite der Kirche erhebt sich neben dem Leuchtturm Pellworms zweites Wahrzeichen: die Ruine des alten Kirchturms aus dem 13./14. Jh., der 1611 einstürzte. Bei klarer Sicht kann man das 26 m hohe und immer noch imposante

MARCO POLO HIGHLIGHTS

★ **Inselmuseum**
Gelungene Ausstellung mit Spannungsfaktor → S. 75

★ **St. Salvator/Alte Kirche**
Imposante Turmruine und eine Arp-Schnitger-Orgel → S. 75

★ **Leuchtturm**
Von hoch oben weit über den Deich blicken → S. 75

Bauwerk sogar von Föhr und Amrum aus erkennen. Es war nicht nur Glockenturm und Seezeichen, sondern auch Zufluchtsort, so im 15. Jh. für Seeräuber. Heute leben Tauben und Turmfalken in den Mauerlöchern. Zu Füßen des Turms sind auf dem kleinen Friedhof für Heimatlose 40 Unbekannte begraben, die das Meer angespült hat. *Erntedank–Ostern tgl. 10–16, Ostern–Erntedank tgl. 10–18 Uhr, außer während der Gottesdienste, Kirchenführungen im Sommer 14-tägig Mi 10 Uhr, s. „Pellworm heute" | Spende willkommen*

SEEFAHRT TUT NOT

Sehenswerte Ausstellung im alten Dampferschuppen am Hafen zur Geschichte der Pellwormer Küstenschifffahrt und -fischerei, aber auch interessante Exponate zur Seefahrt allgemein und zum Schiffbau. *April–Nov. tgl. 10–17 Uhr | Eintritt frei*

ESSEN & TRINKEN

ZUR ALTEN KIRCHE

Vorzügliche regionale Küche mit Fisch- und Lammspezialitäten, aber auch

saisonale Schmankerln wie Graugansbraten. Dazu vegetarische Gerichte. *Di geschl. | Alte Kirche 1 | Tel. 04844 2 75 | www.zur-alten-kirche.de | €–€€*

ANTICUS CAFÉ ☻

Unscheinbar von außen, drinnen jedoch wartet Unwiderstehliches: Mohnkirschsahnetorte, Birnenkäsekuchen oder Holunderblütentarte sind nur drei von x süßen Kreationen. Kaffeebohnen und Teeblätter stammen aus biologischem Anbau. *Di–So mind. 13.30–17.30 Uhr | Nordermitteldeich 61 | Tel. 04844 9 90 51 46 | cafe-pellworm.de | €*

LEUCHTFEUER

Das Café im Rundbau neben dem Leuchtturm ist Anziehungspunkt auch für viele Insulaner. Im Sommer lädt der schöne Garten zu Kaffee und Kuchen. Auch Hotel *(8 Zi. | €). Öffnungszeiten s. Website | Süderkoogweg 10 | Tel. 04844 4 72 | www.leuchtfeuer-pellworm.de | €*

INSIDER TIPP ▶ SCHIPPERHUS

Dieses 2016 eröffnete Lokal – stylish und unprätentiös – setzt auf Pellworm hoffentlich einen Trend. Auf der interessanten Karte stehen u. a. Kalbsbäckchen oder Wolfsbarsch und auch eine ganze Reihe vegetarischer und veganer Gerichte. Dazu Pizza mit Wunschbelag und hausgemachte Pasta. Im Sommer Frühstück ab 9 Uhr. Neben zwei Terrassen (eine mit Außengrill) ist die ☀ Sonnenterrasse im 1. Stock ein echtes Highlight; an kälteren Tagen sorgt die kleine Lounge dahinter für den Weitblick über die Insel. *Mi geschl. | Tammensiel 26 | Tel. 04844 9 90 22 66 | www.schipperhus-pellworm.de | €€–€€€*

DE SPIESKOMMER

Einfach, aber korrekt und gut: umfangreiche Schnitzelkarte, aber auch regio-

„Seefahrt tut not": Die Ausstellung zeigt, was alles dazugehört

nale nordfriesische Gerichte wie Porrenpann, dazu Steaks und Fisch. *Di geschl. | Uthlandestr. 6 (im 2. Stock der Pelle Welle) | Tel. 04844 12 11 | €–€€*

UNTER DEN LINDEN

Alteingesessener Gasthof mit einer besonderen Spezialität: dem **INSIDER TIPP** Pellwormer Buffet *(in der Hochsaison alle 14 Tage donnerstags, sonst unregelmäßig: Termine s. Aushang und in „Pellworm heute")* – nordfriesische Hausmannskost mit Raritäten wie Fliederbeersuppe, Krabbenfrikadellen, Lammeintopf, Futjes (Fettgebackenem) und gebratener suurer Rull (saurer Rolle, die friesische Variante des Saumagens). Rechtzeitige Voranmeldung erforderlich! *Meist ab 14 Uhr, Mi geschl. | Westertilli 23 | Tel. 04844 3 99 | www.unterdenlindenpellworm.de | €€*

EINKAUFEN

ATELIER POSEIDON

Inge Petersen spinnt. Und färbt. Und schafft so aus 🌐 Schafwolle kuschelbunte Wollknäuel zum Stricken. Ehemann Martin malt Aquarelle und formt Skulpturen, während Sohn Arne einzigartige Keramikobjekte präsentiert. *Mo–Fr 10–13 u. 15–17 Uhr | Nordermitteldeich 49 | ferien wohnung-insel-pellworm.de*

INSIDER TIPP INSEL-ATELIER EMMY JENSEN

Die Aquarelle der „Himmelsmalerin" zeigen das Wattenmeer und das Farbenspiel über dem Wasser. Auch Seidenmalerei. *Keine festen Öffnungszeiten | Junkersmitteldeich 3 | Tel. 04844 2 22*

INSIDER TIPP LÜTTSCHOOL

Nostalgie pur, vorwiegend in Rot-Weiß und Blau-Weiß. Barbara Pastoors und Evelyn Thieme-Kienhöfer versammeln Schönes aus Leinen, Deko und Textilien, Seifen und Cremes, Konfitüre, Saft und Chutneys aus ihren Gartenfrüchten, Koch- und Bilderbücher unter dem Dach der „kleinen Schule". Im Sommer gibt's auch Kaffee und Torte im Vordergarten, während hinterm Haus der Kräutergarten duftet. Frühstück im kleinen Café – auf Anmeldung ganzjährig. *Mi geschl. |*

Wegen ihrer Form wird die kleine Hallig Süderoog auch „Herz der Nordsee" genannt

Liliencronweg 12 | Tel. 04844 9 90 90 20 | www.lüttschool-pellworm.de

PELLWORMER TÖPFEREI

In diesem Haus residierte 1882/83 der berühmte Dichter Detlev von Liliencron. Heute kreieren hier Rachel Kyle und Hermann Petersen geschmackvolle Gebrauchsartikel aus Keramik und Waldglas. Auch Schmuck und Aquarelle sind im Angebot. *Di–Fr 10–12.30 u. 14–18, Sa 10–12.30 Uhr | Liliencronweg 28*

FREIZEIT & SPORT

Es gibt rund um die Insel acht Badestellen am Deich, mit Duschen und Badetreppen. Die Strandkörbe stehen hier nicht im Sand, sondern auf grünem Gras. FKK-Badestelle an der Nordermühle. Zur *Freizeitanlage Kaydeich (April–Okt.)* gehört ein schöner *Minigolfplatz* mit freundlicher Bewirtung *(Nis Puk | €)*.

PELLE WELLE

Das Schwimmbad im Kurzentrum ist nicht nur bei Regen eine Alternative, denn es lockt u. a. mit einer Badelandschaft für Kleinkinder, einer 62-m-Rutsche, Nichtschwimmerbecken, Saunalandschaft und Bistro. Die Öffnungszeiten sind unterschiedlich und im Bad *(Tel. 04844 99 04 49)* oder beim Tourismusservice zu erfahren. *Eintritt ab 4,60 Euro | Uthlandestr. 6 | www.pelle-welle-freizeitbad.de*

AM ABEND

In der Saison finden Diskoabende, Kino, Vorträge, Theateraufführungen und Konzerte im ● *Pellwormer Danzsool* in der Freizeitanlage Kaydeich statt.

DE BEER-KROG IM PONYHOF

Gemütliche Kneipe, in der man abends ein Bierchen vom Fass und eine warme Mahlzeit bekommt. *Di–Sa ab 18 Uhr | Osterschütting 11 | Tel. 04844 4 14*

ÜBERNACHTEN

CLAUSENHOF

Am Naturschutzgebiet Waldhusen-Tief: Fünf komfortable Ferienwohnungen sind

„Seefahrt tut not": Die Ausstellung zeigt, was alles dazugehört

nale nordfriesische Gerichte wie Porrenpann, dazu Steaks und Fisch. *Di geschl. | Uthlandestr. 6 (im 2. Stock der Pelle Welle) | Tel. 04844 12 11 | €–€€*

UNTER DEN LINDEN

Alteingesessener Gasthof mit einer besonderen Spezialität: dem **INSIDER TIPP** **Pellwormer Buffet** *(in der Hochsaison alle 14 Tage donnerstags, sonst unregelmäßig: Termine s. Aushang und in „Pellworm heute")* – nordfriesische Hausmannskost mit Raritäten wie Fliederbeersuppe, Krabbenfrikadellen, Lammeintopf, Futjes (Fettgebackenem) und gebratener suurer Rull (saurer Rolle, die friesische Variante des Saumagens). Rechtzeitige Voranmeldung erforderlich! *Meist ab 14 Uhr, Mi geschl. | Westertilli 23 | Tel. 04844 3 99 | www.unterdenlindenpellworm.de | €€*

EINKAUFEN

ATELIER POSEIDON

Inge Petersen spinnt. Und färbt. Und schafft so aus ⊕ Schafwolle kuschelbunte Wollknäuel zum Stricken. Ehemann Martin malt Aquarelle und formt Skulpturen, während Sohn Arne einzigartige Keramikobjekte präsentiert. *Mo–Fr 10–13 u. 15–17 Uhr | Nordermitteldeich 49 | ferien wohnung-insel-pellworm.de*

INSIDER TIPP INSEL-ATELIER EMMY JENSEN

Die Aquarelle der „Himmelsmalerin" zeigen das Wattenmeer und das Farbenspiel über dem Wasser. Auch Seidenmalerei. *Keine festen Öffnungszeiten | Junkersmitteldeich 3 | Tel. 04844 2 22*

INSIDER TIPP LÜTTSCHOOL

Nostalgie pur, vorwiegend in Rot-Weiß und Blau-Weiß. Barbara Pastoors und Evelyn Thieme-Kienhöfer versammeln Schönes aus Leinen, Deko und Textilien, Seifen und Cremes, Konfitüre, Saft und Chutneys aus ihren Gartenfrüchten, Koch- und Bilderbücher unter dem Dach der „kleinen Schule". Im Sommer gibt's auch Kaffee und Torte im Vordergarten, während hinterm Haus der Kräutergarten duftet. Frühstück im kleinen Café – auf Anmeldung ganzjährig. *Mi geschl. |*

Wegen ihrer Form wird die kleine Hallig Süderoog auch „Herz der Nordsee" genannt

Liliencronweg 12 | Tel. 04844 9 90 90 20 | www.lüttschool-pellworm.de

PELLWORMER TÖPFEREI
In diesem Haus residierte 1882/83 der berühmte Dichter Detlev von Liliencron. Heute kreieren hier Rachel Kyle und Hermann Petersen geschmackvolle Gebrauchsartikel aus Keramik und Waldglas. Auch Schmuck und Aquarelle sind im Angebot. *Di–Fr 10–12.30 u. 14–18, Sa 10–12.30 Uhr | Liliencronweg 28*

FREIZEIT & SPORT

Es gibt rund um die Insel acht Badestellen am Deich, mit Duschen und Badetreppen. Die Strandkörbe stehen hier nicht im Sand, sondern auf grünem Gras. FKK-Badestelle an der Nordermühle. Zur *Freizeitanlage Kaydeich (April–Okt.)* gehört ein schöner *Minigolfplatz* mit freundlicher Bewirtung *(Nis Puk | €)*.

PELLE WELLE
Das Schwimmbad im Kurzentrum ist nicht nur bei Regen eine Alternative, denn es lockt u. a. mit einer Badelandschaft für Kleinkinder, einer 62-m-Rutsche, Nichtschwimmerbecken, Saunalandschaft und Bistro. Die Öffnungszeiten sind unterschiedlich und im Bad *(Tel. 04844 99 04 49)* oder beim Tourismusservice zu erfahren. *Eintritt ab 4,60 Euro | Uthlandestr. 6 | www.pelle-welle-freizeitbad.de*

AM ABEND

In der Saison finden Diskoabende, Kino, Vorträge, Theateraufführungen und Konzerte im ● *Pellwormer Danzsool* in der Freizeitanlage Kaydeich statt.

DE BEER-KROG IM PONYHOF
Gemütliche Kneipe, in der man abends ein Bierchen vom Fass und eine warme Mahlzeit bekommt. *Di–Sa ab 18 Uhr | Osterschütting 11 | Tel. 04844 4 14*

ÜBERNACHTEN

CLAUSENHOF
Am Naturschutzgebiet Waldhusen-Tief: Fünf komfortable Ferienwohnungen sind

in einem hervorragend restaurierten Hofgebäude aus dem Jahr 1761 untergebracht. *Waldhusen 9 | Tel. 04844 2 90 | www.clausenhof.de | €*

KAYDEICH 17

Anfang 2016 haben Lutz und Ursula Pelzl die Zimmer in den beiden Häusern ihres Hotels komplett renoviert und sehr ansprechend durchgestylt. Sauna und eine gemütliche kleine Bar sind auch vorhanden. Das Restaurant bietet den Hausgästen ein täglich wechselndes, ganz hervorragendes Drei-Gänge-Menü. *20 Zi., 2 Fwg. | Kaydeich 17 | Tel. 04844 99 04 90 | www.kaydeich17.de | €€*

KIEK UT ✄

Gleich hinterm Deich liegt das stilvolle Haus mit 23 komfortablen Zimmern und vier Apartments, Badestrand und Blick auf Hallig Hooge sowie der netten, kleinen Hotelbar *Likedeeler (ab 20.30 Uhr).* Gut speisen können Sie nebenan im *Gasthaus Hooger Fähre (Mi geschl., Mitte Okt.–Feb. auf Anfrage | Tel. 04844 99 23 23 | www.gasthaus-pellworm.de | €€),* dem ältesten Speiselokal der Insel. *Hooger Fähre 6 | Tel. 04844 90 90 | www.nordsee-hotel-pellworm.de | €–€€*

AUSKUNFT

TOURISTINFORMATION

Zimmervermittlung, Strandkorbvermietung, Infos zu Wattwanderungen und Veranstaltungen. *Uthlandestr. 2 | 25849 Pellworm | Tel. 04844 189 40 | www.pellworm.de*

ZIEL IN DER UMGEBUNG

SÜDEROOG 🌐 (134 A6) (🗺 C7)

Die südlichste und kleinste der ständig bewohnten Halligen (62 ha), die vom Pächterpaar nach ökologischen Richtlinien bewirtschaftet wird und ein Vogelschutzgebiet ist, können Sie nur im Rahmen einer geführten Wattwanderung besuchen: Nach ca. 1,5 Std. Fußmarsch durchs Watt haben Sie eine Stunde Aufenthalt bei Kaffee und Kuchen, dann geht's wieder zurück. Anmeldung bei der *Schutzstation Wattenmeer (Spende erbeten | Tel. 04844 7 60)* oder beim Halligpostboten Knud Knudsen *(4 Euro | Tel. 04844 2 01).* Das Betreten der Hallig kostet zusätzlich 1 Euro „Halliggebühr", die ihrem Schutz zugutekommt. Startpunkt ist im Südwesten Pellworms, bei der Abgangsstelle Süderoog.

RUNGHOLT

Unerhört reich soll der Ort gewesen sein, so die Legende, ein Atlantis in der Nordsee, bis er von den Fluten verschlungen wurde – Gottes Strafe für das liederliche, verschwenderische Leben seiner Bewohner. Ja, ja ... Doch Rungholt gab es wirklich: ein vermutlich prosperierender Hafenort, der im Jahr 1362 bei der Marcellusflut unterging. Zwischen Pellworm und der Hallig Süderfall wurden Deich- und Gebäudereste, Werkzeuge, Haushaltsgegenstände etc. gefunden – im Rungholtmuseum (s. S. 75) erfahren Sie mehr! Detlev von Liliencron hat übrigens eine seiner schönsten Balladen über Rungholt geschrieben: „Trutz, Blanke Hans", und Achim Reichel machte etwa hundert Jahre später daraus einen mitreißenden Song.

NORDSTRAND

Schauen Sie auf die Landkarte, sehen Sie, dass Nordstrand (135 D–E 5–6) (*🗺 E–G 6–7*) **eigentlich eine Halbinsel ist. Fahren Sie allerdings auf den 4 km langen Damm, der die einstige Insel mit dem Festland verbindet, könnten Ihnen Zweifel kommen.**

Was aus der Ferne nämlich wie festes Land links und rechts des Damms aussieht, ist in Wahrheit im Lauf der Zeit entstandenes Koogland, mehr Wasser als fester Boden. Dieser Damm wurde 1907 errichtet, 1935 auch bei Flut befahrbar gemacht, und in der Folge wurde nach und nach die gesamte Nordstrander Bucht eingedeicht; es galt, die Küste zu schützen. 1987 wurde die letzte Deichlücke geschlossen – der Beltringharder Koog entstand – und damit ein Prozess

eingeleitet, der bis heute andauert und Nordstrand zu einer Halbinsel macht. Wie „schnell" aus Meer Land werden kann, zeigt die Vergangenheit: Vor nicht einmal 400 Jahren war Nordstrand für einige Zeit nicht viel größer als eine Hallig. Im Oktober 1634 zerriss die Burchardiflut die große Insel Strand, Pellworm, Nordstrandischmoor und Nordstrand entstanden. Ihre heutige Gestalt erhielt die Insel erst durch viele Deiche: Das unter dem Meeresspiegel liegende, fruchtbare Marschland wurde nach und nach eingedeicht, Koog um Koog wurde so geschaffen. Heute sind diese Deiche Binnendeiche, auf denen viele der Inselstraßen verlaufen und auch noch etliche Häuser stehen. Außen herum schützt ein bis zu 8,70 m hoher Seedeich die

Bild: Salzwiese im Beltringharder Koog

Fast schon Festland – Bauernhöfe in jedem Koog, Vieh auf sattgrünen Marschwiesen und Rad fahrende Urlauber bestimmen das Bild

Halbinsel vor Sturmfluten. Daran, dass das 47 km² große Nordstrand eigentlich aus sieben Kögen besteht, erinnert die Skulpturengruppe „7 Flaggen" von Tom Müllers, deren Granitfahnen die Ankommenden schon von Weitem begrüßen. Nordstrand ist Bauernland: Landwirtschaft ist der wichtigste Erwerbszweig. Großzügig angelegte Höfe mit imposanten Stallungen inmitten endlos scheinender Felder und weitläufiger Viehweiden prägen das Landschaftsbild. Doch auch der Tourismus spielt zunehmend eine Rolle – so kommen auf die rund 2260 Einwohner der „Insel" fast ebenso viele Gästebetten (ca. 2130). Nordstrand ist seit 1991 Nordseeheilbad mit Kurmittelhaus, Schwimmbad, einer ausreichenden Zahl an Restaurants sowie zwei Supermärkten. Seit 2016 verbindet eine 2,5 km lange Deichpromenade mit Ruhezonen, Spielmöglichkeiten für Kinder und weiteren Annehmlichkeiten Norderhafen und Strucklahnungshörn. Im Hafen Strucklahnungshörn legen die Fähren nach Pellworm ab, Ausflugsschiffe starten zu Wattenmeertörns und den Nordfriesischen Inseln und Halligen. Übrigens: Nordstrand ist so gut wie windradfrei, nur sechs Anlagen stehen auf der Halbinsel.

Da es Orte im eigentlichen Sinn nicht gibt, sondern nur verstreut liegende Hausan-

8–12 Uhr, Sa/So s. Aushang | Spende erbeten | Schulweg 4

ST. THERESIA

Ungewöhnlich: Keine andere Kirche in Nordfriesland sieht so aus wie das Gotteshaus der ältesten altkatholischen

Anders als alle anderen nordfriesischen Kirchen: der „Inseldom" St. Theresia

sammlungen, ist Nordstrand eine Insel der weiten Wege und ein Auto nützlich, zumal der Linienbus an Wochentagen nur ein paar Mal verkehrt und abends gar nicht. Für Menschen mit halbwegs guter Kondition und ausreichender Wetterfestigkeit – Regen kann schon mal waagerecht von vorn kommen – lassen sich die Strecken zwischen Unterkunft, Badestellen, Läden und Restaurants aber durchaus mit dem Fahrrad bewältigen.

SEHENSWERTES

DAS INSELMUSEUM

Archäologische Funde (ca. 1634) und mehr zur Geschichte der Insel und dem Leben auf ihr im ersten Stock der Kurverwaltung. *Mo–Do 8–12 u. 14–16, Fr*

Gemeinde Deutschlands. Auch die großenteils aus dem 17. Jh. stammende Innenausstattung sollten Sie sich anschauen! *Im Sommer tgl. 10–18 Uhr, Führungen s. Veranstaltungskalender (meist Mi) | Tel. 04842 4 09 | Süden-Osterdeich*

ST. VINZENZ

Die Schönheit der Kirche verbirgt sich im Inneren: das Schnitzwerk am spätgotischen Altar, das um 1400 gefertigte Kruzifix, der Taufstein aus dem 15. Jh. und die Grabplatten aus dem 17. Jh. *Im Sommer tgl. 8.30–18 Uhr | Führungen nach Absprache: Tel. 04842 3 09 | Odenbüll 15*

VOGELKOJE

In der ehemaligen Entenfanganlage im Alten Koog können Sie heutzutage gut versteckt viele Vogelarten beobachten. In einer kleinen Infohütte erfahren Sie, welche. *Mai–Okt. | Termine für Führungen (meist Mi u. So 11 Uhr) s. Veranstaltungskalender*

ESSEN & TRINKEN

AM HEVERSTROM

Nettes Hotel mit persönlicher Atmosphäre am Süderhafen. Die elf Zimmer sind modern, aber mit viel Holz gemütlich eingerichtet. Ein echter Hingucker ist der hölzerne Tresen im Restaurant. Gute regionale Küche, z. B. tolle Scholle! *Di, Herbst/Winter auch Mo geschl. | Heverweg 14 | Tel. 04842 80 00 | www.am-heverstrom.de | €–€€*

MÜHLENCAFÉ GLÜCK ZU (ENGEL-MÜHLE)

Die Engel-Mühle (Bj. 1888) funktioniert noch wie früher, und man kann sie besichtigen, wenn man sich vorher anmeldet. Kuchen & Co gibt's den ganzen Tag, mittags auch herzhafte Kleinigkeiten. *Mo u. Jan./Feb. geschl., Juli–Mitte Sept. tgl. | Süderhafen 15 | Tel. 04842 2 14 | www.engel-muehle.de | €–€€*

ZUR NORDSEE

Beim Blick über den Deich aufs Meer schmeckt der „Nordstrander Kapitänsteller" noch mal so gut! Eine weitere Spezialität ist Lammleber im Zwiebelnest. Auch sieben ansprechende Zimmer/Apartments *(€)*. *Mi geschl., Dez.–Feb. auch Do | Norderhafen 22 | Tel. 04842 86 07 | www.zur-nordsee.de | €€*

PHARISÄERHOF ★ ●

Man sagt, hier sei einstmals der Pharisäer erfunden worden. Das schönste Café Nordstrands steht heute für eine gastronomische Rundumversorgung: Das ursprüngliche Café samt Terrasse und Garten blieb erhalten, zudem entstanden ein helles Bistro-Restaurant und eine gemütliche Kaminlounge mit Bar. Mittags sind Pfannkuchen und Milchreis der Renner, nachmittags das selbst gemachte Eis und abends Fleisch und Fisch vom Grill. Im *Hofladen (tgl. 11–18 Uhr)* gibt's Souvenirs, auch kulinarische. *Café tgl. 11–18, Restaurant (Voranmeldung erbeten) u. Lounge Mi–Mo 18–21 Uhr | Elisabeth-Sophien-Koog 3 | Tel. 04842 3 53 | www.pharisaeerhof.de | €€*

TEESTUV + LESECAFÉ

Teestube und Treffpunkt von Einheimischen und Touristen. Die Stühle sind zwar etwas unbequem, aber das tut der Gemütlichkeit keinen Abbruch. Wer nicht klönt oder liest, isst gerade einen der knackigen Salate oder schlürft eine Suppe. *Tgl. 11–19 Uhr | Süden 42 | Tel. 04842 82 18 | €–€€*

EINKAUFEN

GALERIE „LAT DI TIED" ★ ●

Die Galerie bildet ein schnuckeliges Ensemble mit Töpferei und Teestuv. Und Zeit sollten Sie sich hier wirklich lassen, um den Kauf von Bildern und Büchern, Taschen und Tüchern, Schmuck und geschmackvollem Schnickschnack in Erwägung zu ziehen. *Süden 46*

★ **Pharisäerhof**
Traditionsreiches Café mit Restaurant, Kaminlounge und Hofladen → S. 83

★ **Galerie „Lat di Tied"**
Schöne Bilder, Schmuck und mehr zu erschwinglichen Preisen → S. 83

MARCO POLO HIGHLIGHTS

NORDSTRANDER TÖPFEREI

Schöne Gebrauchskeramik, meist im typisch friesischen Grau-Blau und mit tradtionellen Formen und Motiven. *Süden 44 | www.nordstrander-toepferei.de*

INSIDER TIPP ► **SCHÄFEREI BAUMBACH** ⊕

Alles vom Salzwiesenlamm und vom Galloway-Rind: Fleisch, Wurst, Schinken, Konserven. Vieles aus eigener Schlachtung. Dazu Schafskäse und -felle, auch Ziegenkäse. Alles für den Transport nach Hause verpackt. *Pohnshalligkoogstr. 1 | Tel. 04842 4 95 | www.lammfleisch.de*

FREIZEIT & STRÄNDE

Es gibt drei Badestellen am grünen Deich der Westküste: Beim Campingplatz Elisabeth-Sophien-Koog mit Imbiss, bei Fuhlehörn (mit dem wohl kleinsten aller Sandstrände an der Nordsee) mit Imbissbude und Strandkörben sowie am Holmer Siel, wo für die Strandkorbvermietung und das leibliche Wohl der Badegäste das Café-Restaurant *Zum Strandkorb (1 Woche vor Ostern–Nov. tgl., Nebensaison Di, tw. auch Mo geschl. | Tel. 04842 900103 | €)* zuständig ist – tolle Torten, knusprige Bratkartoffeln! Am Holmer Siel befindet sich auch der Nordstrander Windsurfspot. Einen – sehr kleinen – Sandstrand gibt es am Beltringharder Deich am Lüttmoordamm, nördlich vom Lüttmoorsiel (135 D4) (*ⱳ F6*).

HALLENBAD

Hallenbad mit Kalt- und 34-Grad-Warmwassersprudelbad. Auch eine Sauna gibt's. Wechselnde Öffnungszeiten, zu erfahren im Bad selbst *(im Kurzentrum | Tel. 04842 4 66)* und in der Kurverwaltung. *Eintritt ab 3,50 Euro*

WATTWANDERUNGEN

Naturkundliche Wattführungen *(1,5–2 Std., Termine s. Aushang und Veranstaltungskalender | 4–5 Euro)* starten z. B. am Holmer Siel. Wanderungen zur Hallig Nordstrandischmoor *(5 Std. | Termine s. Veranstaltungskalender | 5 Euro | Anmeldung unter Tel. 04841 29 35 u. 0160 2 52 17 29 | www.wattwandererlebnis.de)* inkl. Einkehr im Halligkrug bietet u.a. Wattführerin Regina Matthiesen an.

LOW BUDG€T

Im *Hotel-Restaurant England (10 Zi. | Tel. 04842 10 75 | www.hotel-england.de)* gibt es das Doppelzimmer schon ab 65 Euro – inkl. Frühstück, Liegewiese, WLAN und Leihfahrrad! Auch die Küche *(Mi. geschl.)* liefert große Portionen für kleine Preise; Spezialität: knusprige Sandschollen.

Die 120 Plätze des *Campingplatzes Elisabeth-Sophien-Koog (Elisabeth-Sophien-Koog 17 | Tel. 04842 85 34 | www.nordstrandcamping.de)* liegen direkt am Deich.

ÜBERNACHTEN

HOTEL GARNI NORDSTRAND

Großzügige, sehr freundlich eingerichtete Zimmer und Apartments mit Pantryküche. Reichhaltiges Frühstücksbuffet. *11 Zi. u. Apt. | Am Ehrenmal 10 | Tel. 04842 82 12 | www.hotelnordstrand.de | €*

PHARISÄERHOF

Gleich neben dem berühmten Café können seit 2013 vor allem Hunde mit ihren Menschen „Urlaub frei Schnauze" machen: 28 helle, freundliche Zimmer, die Hälfte mit Terrasse; Wellnessoase mit zwei Saunen und Fahrrad inklusive.

Elisabeth-Sophien-Koog 3 | Tel. 04842 3 53 | www.pharisaeerhof.de | €€

INSIDER TIPP **LANDHAUS TRENDERMARSCH**

Für Nordstrand ungewöhnlichen Luxus bietet dieses abseits liegende, reetgedeckte Anwesen mit Indoorpool, Spabereich und kleinem Bistro. *2 Zi., 3 Suiten, 3 Apt. | Trendermarschweg 10 | Tel. 04842 90 03 80 | www.landhaus-trendermarsch.de | €€–€€€*

AUSKUNFT

KURVERWALTUNG

Infos aller Art, Veranstaltungskalender, Zimmernachweis. *Schulweg 4 | 25845 Nordstrand | Tel. 04842 454 | www.nordstrand.de*

ZIELE IN DER UMGEBUNG

BELTRINGHARDER KOOG

(135 D–E 4–5) (*ᗰ E7*)

Der Koog ist das größte Naturschutzgebiet (35,4 km²) des schleswig-holsteinischen Festlands und verbindet dieses mit dem Norden Nordstrands. Er besteht aus verschiedenen Biotopen, in denen ebenso verschiedene Tiere (vor allem Vögel) und Pflanzen leben: der Salzwasserlagune, dem Feuchtgrünland und einer Wildniszone, in der auch das Arlau-Speicherbecken und der Holmer See liegen. Sie können den Koog mit dem Fahrrad umrunden (s. S. 107). Die Gesamtstrecke zwischen Lüttmoordamm im Norden und Nordstrander Damm im Süden beträgt etwa 45 km.

HALLIG SÜDFALL (134 C6) (*ᗰ E7*)

Die Wattwanderung zur 7 km entfernten Hallig Südfall (56 ha) dauert ca. 4,5 Stunden plus eine Stunde Aufenthalt. Da hier viele bedrohte Vogelarten brüten, darf die Hallig nur im Rahmen einer genehmigten Führung betreten werden. Wer den Fußmarsch scheut, macht es sich bequem und nimmt die ● **INSIDER TIPP** **Pferdekutsche**. Termine (Mai–Sept.) im Veranstaltungskalender, Start ist in Fuhlehörn. *Wanderungen: Tel. 04671 66 14 (Christine Dethleffsen) | 9 Euro; Kutschfahrten: Tel. 04842 3 00 (tgl. 8–12 Uhr, Elvira Andresen) | 15 Euro*

Souvenirs für den täglichen Gebrauch entstehen in der Nordstrander Töpferei

HALLIGEN

Sie sitzen bei hochsommerlichem Dunst auf dem Wyker Sandwall, oder Sie stehen bei diesigem Herbstwetter auf der Dagebüller Mole. Sie schauen aufs Meer – wohin auch sonst – und sehen Häuser, die mitten im Wasser stehen!?
Nein, Sie halluzinieren nicht, keine Sorge, denn ein bisschen stimmt das sogar. Die Häuser stehen auf Marschflächen, die sich gerade mal so weit über den Meeresspiegel erheben, dass sie bei einer normalen Flut nicht überschwemmt werden. Läuft die Flut allerdings höher als normal auf, dann ist „Land unter": Die nur von niedrigen Sommerdeichen oder Steinwällen geschützten Marschflächen – die Halligen – stehen nun unter Wasser und werden ihrem Namen voll gerecht, denn Hallig bedeutet nichts anderes als „niedriges Land". Damit die Häuser und Höfe nicht ebenfalls absaufen, stehen sie auf künstlich errichteten Hügeln, den sogenannten Warften. Bei stark auflaufendem Wasser oder gar bei Sturmflut ist dann jede Warft eine kleine Welt für sich. Im Herbst und im Frühjahr gehört Hochwasser in all seinen Abstufungen mehr oder weniger zum Alltag, im Sommer jedoch werden die Halligen kaum einmal überflutet.

Es gibt heute noch zehn Halligen, acht von ihnen sind aus Schlickablagerungen entstanden, die die fürchterliche Marcellusflut von 1362 hinterließ. Nur Nordstrandischmoor und die Hamburger Hallig sind – wie die Inseln Nordstrand und Pellworm – Reste der Insel Strand, die die Burchardiflut 1634 in Stücke schlug.

Wo die Menschen auf Warften wohnen: Die Halligen sind faszinierende kleine Welten mitten im Wattenmeer

All diese Halligen sind etwas ganz Einzigartiges, und sie haben darüber hinaus eine wichtige Funktion: Sie dienen zusammen mit den Dämmen zum Festland wie z. B. bei Oland und Langeneß dem Schutz der Festlandküste, fungieren als eine Art Wellenbrecher. Man wird sehen, wie lange sie dieser unfreiwilligen Aufgabe noch gewachsen sein werden, wenn es – Stichwort „Klimawandel" – auch in Nordfriesland immer wärmer und noch windiger wird und der Meeresspiegel weiter steigt ...

Wenn Sie nun trotz dieser dramatischen Schilderungen Lust haben, sich das Naturerlebnis eines Halligbesuchs mal anzutun, lassen Sie Ihr Auto an den Fährhäfen Schlüttsiel oder Dagebüll stehen: Als Tagesgast brauchen Sie keins, und ansonsten holt Ihr Vermieter Sie selbstverständlich am Fähranleger ab.

Ansonsten kann ein bisschen „Hallighistorie" zum Einstieg nicht schaden: Strom und (Süß-)Wasser gibt es erst seit den 1950er- bis 1970er-Jahren. Geheizt wurde zuvor mit *Ditten,* Briketts aus getrocknetem und gestampftem Kuhmist. Getrunken wurde Regenwasser, das in einem Brunnen gesammelt wurde, dem *Sood.* Das Vieh wurde mit Regenwasser aus einem *Fething* versorgt, Teichen, von denen auch heute noch etliche existieren. Problem dabei: Wurden bei schweren Sturmfluten die Warften überspült, war das Wasser ungenießbar, weil versalzen. Und vielleicht wären die Halligen heute unbewohnt, hätte man nicht nach der

len Nächte und die Stille. Immer mehr von ihnen kommen auch außerhalb der Hochsaison, also im Herbst, Winter oder Frühjahr, und nehmen in Kauf, dass sie wegen „Land unter" nicht zum geplanten Termin wieder abreisen können – und freuen sich darüber. Wer in solchen Fällen dann doch wieder aufs Festland muss, hat entweder einen Bootsführerschein oder einen guten Draht zum Halligpostboten ... Auf die Halligleute ist

Zwei Naturschönheiten, die typisch für die Halligen sind: Nonnengans und Halligflieder

verheerenden Sturmflut von 1962, die viele Gebäude zerstörte oder unbewohnbar machte, die Häuser flutsicher gemacht, sie mit einem Schutzraum ausgestattet, der auf vier Betonpfeilern ruht, die 4 m tief im Boden verankert sind. Und so gibt es seit den 1970er-Jahren auf den Halligen auch Tourismus: Zu den etwa 230 – übrigens außerordentlich gastfreundlichen – Halligbewohnern, die auf derzeit 30 Warften leben, kommen im Sommer neben Tagesgästen auch reichlich Urlauber. Menschen, die der unergründbare Klang des Meeres fasziniert, die Wolkenbilder über dem weiten Horizont, die wirklich noch dunk-

ohnehin Verlass, sie haben sich natürlich so bevorratet, dass sie auch wochenlang ohne Nachschub auskommen können. *www.halligen.de*
Neben den vier im Folgenden genauer beschriebenen Halligen gibt es noch sechs weitere, von denen nicht alle ganzjährig bewohnt sind: Die kleinste ist *Habel,* hier wird das einzige Gebäude nur im Sommer von einem Vogelwart genutzt. Auf *Südfall* und *Norderoog* ist es genauso. Gänzlich unbewohnt ist das erst 1999 entstandene, 15 ha große *Norderoogsand.* Naturschutzvereine sorgen mit freiwilligen Helfern für die Erhaltung dieser kleinen Bollwerke gegen den „Blan-

ken Hans", wie man hier an der Küste die Nordsee nennt, wenn sie stürmisch wird. Die 100 ha große *Hamburger Hallig* ist ebenfalls Natur- und Vogelschutzgebiet und erreichbar nur im Sommer über einen Damm (5 Euro Maut für PKW). Aber hier ist mehr los: Im 🌱 *Hallig-Krog (April–Okt. tgl. ab 11 Uhr, Jan.–März bei schönem Wetter | Tel. 04671 94 27 88 | www.hallig-krog.de | €€)* zaubert Erik Brack, zuvor u. a. Küchenchef auf der MS Deutschland, mit regionalen Produkten Gerichte der geerdeten Spitzengastronomie: Die über Deichgräsern geräucherten Koteletts vom Halliglamm z. B. sind ein Gedicht!

Zum von einer Familie gepachteten und bewohnten *Süderoog* werden von Pellworm aus Wattwanderungen (s. S. 79) organisiert. Nach *Nordstrandischmoor (www.nordstrandischmoor.de)* mit seinen vier Warften, 18 Einwohnern und fünf Ferienwohnungen starten Ausflugsdampfer und Wattwanderungen von Nordstrand aus. Das Watt vor dieser Hallig könnte sich zu einem Highlight für Archäologen entwickeln: 2016 fanden Spaziergänger hier ein gut erhaltenes, etwa 10 000 Jahre altes steinzeitliches Beil – mal sehen, was das Meer noch so alles freigibt …

GRÖDE

(134 C3) (*∅ E5*) **Gröde ist mit 252 ha Fläche die drittgrößte der Halligen und zugleich Deutschlands kleinste Gemeinde.** Auf gerade mal zwei Warften leben gerade mal zehn Menschen, auf den Weiden, die jährlich bis zu 100-mal überflutet werden, grasen Schafe. Im Sommer verdienen sich die Halligleute ein Zubrot durch die Aufnahme von Pensionsvieh – nein, damit sind nicht die Urlauber gemeint, die in sechs Ferienwohnungen Unterkunft finden können, sondern Schafe und auch

die ein oder andere Kuh vom Festland, die für eine Weile die Halligwiesen beweiden. Haupteinnahmequelle sind aber, neben der Schafzucht und der Arbeit im Küstenschutz, die oben erwähnten Touristen: Die kommen hauptsächlich wegen der Ruhe, aber auch zur Blüte des Halligfliegers *(Bondestave)* im Hochsommer, wenn die Wiesen nicht grün, sondern leuchtend lila sind. Weitere Höhepunkte im Halligjahr liegen im Frühjahr und Herbst, wenn hier bis zu 10 000 Ringelgänse und andere Zugvögel Rast machen. Dann und in der Saison wird Gröde von Ausflugsschiffen angelaufen, die von Schlüttsiel, Sylt, Föhr und Amrum kommen. An *Monikas Kiosk (Öffnungszeiten tideabhängig)* können sich die Seefahrer mit Erfrischungen versorgen und danach vielleicht noch die kleine, reetgedeckte Kirche *St. Margarethen (stets geöffnet)* besuchen; sie wurde 1779 gebaut, ihr Renaissance-Altar von 1592 zeigt die Lebensgeschichte Jesu. *Auskunft: Claudia Mommsen | Knudswarft | 25869 Hallig Gröde | Tel. 04674 3 02 | www.groede.de*

⭐ **Johanniskirche**
Der Boden der Hooger Halligkirche ist mit Muscheln bedeckt
→ S. 90

⭐ **Königspesel**
Königlicher Alkoven auf Hooge
→ S. 90

⭐ **Kapitän-Tadsen-Museum**
Bilegger, Döns, Grasterloch? Auf Langeneß werden Sie schlau
→ S. 92

⭐ **Oland**
Eine Warft wie ein Dorf
→ S. 93

MARCO POLO HIGHLIGHTS

Die Fähre bringt nicht nur Touristen, sondern alles, was man zum Leben braucht, auf die Halligen

HOOGE

(134 A4) *(🗺 C5–6)* **Die zweitgrößte Hallig ist die vom Tourismus am meisten frequentierte. Auf 580 ha und zehn Warften leben zwar nur rund 95 Menschen, aber im Hochsommer teilen sie sich ihr Eiland mit bis zu 500 Urlaubern.** Es wird also voll, wenn in der Saison die Ausflugsschiffe von Schlüttsiel und den anderen Inseln fast jeden Tag bis zu 1000 Tagesgäste ausspucken, die sich vom Anleger zu Fuß, mit Fahrrad oder Kutsche zur Hanswarft tasten – Hauptanziehungspunkt der Hallig, denn hier stehen Restaurants, Cafés, der *Halligkaufmann (www.halligkaufmann.de)* und das Sturmflutkino nah beieinander.

SEHENSWERTES

JOHANNISKIRCHE ★
Die bei der Flut von 1634 zerstörten Kirchen „spendeten" das Material für den Bau der Hooger Kirche drei Jahre später. Sehenswert in dem Kirchlein sind das hölzerne Taufbecken (1624) und die Tür der Kanzel (1743) mit ins Holz geschnitzten Motiven aus der Walfangzeit. Und schauen Sie mal nach unten: Der Boden besteht tatsächlich aus Sand und Muscheln – so kann das Wasser bei Überflutung besser versickern. *Di–So 9 Uhr bis zur Dunkelheit | Kirchwarft 1 | www. halligkirche.de*

KÖNIGSPESEL ★
Ein Pesel ist nichts anderes als die gute Stube eines nordfriesischen Hauses. Der von Kapitän Tade Hans Bandiks diente 1825 dem dänischen König Friedrich VI. für eine Nacht als Schlafzimmer, daher sein Name. Warum sich der König auf eine Hallig begab, können Sie vor Ort erfahren, bewundern sollten Sie in jedem Fall das Mobiliar und die herrlichen Kacheln im Haus. Fast wie Könige residierten reiche Kapitäne im 18./19. Jh. auf den Inseln! *April–Okt. tgl. 10–17 Uhr, sonst*

n. V. | regelmäßige Führungen | Eintritt 2,20 Euro | Hanswarft 11 | Tel. 04849 2 19

STURMFLUTKINO

Alle 20 Minuten tost eine Viertelstunde lang der Sturm, toben die Wogen, ist „Land unter". Beeindruckende Kurzfilme. *Eintritt 2,80 Euro | Hanswarft 9 | www. sturmflutkino.de*

ESSEN & TRINKEN

ZUM SEEHUND

Friesische Speisen (auch vegetarische) und friesische Getränke in schöner friesischer Gaststube, im Sommer auf der großen Terrasse. Auch zwei Zimmer. *Ganzjährig | Hanswarft 8 | Tel. 04849 2 26 | www.seehund-hooge.de | €–€€*

ÜBERNACHTEN

FRERK'S BUERNHUS

Hotelpension abseits des Tagestourismus. Auch Halbpension, Sauna. *15 Zi. | April–Okt. | Lorenzwarft 1 | Tel. 04849 2 54 | www.hallighotel.de | €*

HUS HALLIGBLICK

Pension im Bauernhof mit sieben Zimmern, drei Ferienwohnungen, Sauna, Bar. *25. Dez.–Anf. Nov. | Backenswarft 5 | Tel. 04849 2 22 | www.hus-halligblick.de | €*

AUSKUNFT

TOURISTIKBÜRO HOOGE

Informationen und Zimmervermittlung. *Hanswarft 1 | 25859 Hooge | Tel. 04849 9 100 | www.hooge.de*

LANGENESS

(134 A–B3) *(𝄐 C–D 4–5)* **Die größte Hallig ist gleichzeitig die längste und** **schmalste: 9,5 km² groß, 10 km lang und zwischen 1 und 2 km breit. Ein Blick auf die Landkarte illustriert, warum man sie im Wattenmeer von beinahe überall sieht.**

Zu Fuß läuft man lange auf der langen Hallig. Eine gute Alternative sind Leihfahrräder – aber Achtung: Auf Langeneß hat der Wind freie Bahn. Also immer den Gegenwind einkalkulieren, wenn Sie auf der Hallig herumradeln! Vor allem als Tagesgast, denn die Ausflugsschiffe und die Fähre Schlüttsiel–Langeneß–Amrum, die von der Rixwarf im Hallig-Westen ablegen, warten nicht … Passagiere der Ausflugsschiffe können als bequeme Transportvariante den „Hallig-Express" (einen Unimog mit Hänger) wählen, der die Sehenswürdigkeiten der Hallig abklappert. Auf deren 18 Warften leben etwa 106 Menschen, und für rund 300 Urlauber ist auf den Erdhügeln ebenfalls genug Platz. Halligbutter & Co. kann man auf der *Honkenswarf* kaufen; auf der *Rix-* und auf der *Hunnenswarf* gibt es einen kleinen Kiosk. Von acht mit Duschen ausgestatteten Badestellen führen Stufen ins Wasser.

LOW BUDGET

Wer sich auf Langeneß beim ehemaligen Postschiffer Fiede Nissen (*4 Fwg. | Tel. 04684 2 56 | www. gaestehaus-neuwarft.de | €*) einmietet, darf auch mal auf seinem Schiff mitfahren, dem umgebauten Seenotrettungsboot „Störtebekker".

Camper dürfen auf der Wiese der *Volkertswarft (www.ferienwarft.de)* auf Hooge für 7 Euro/Tag ihr Zelt aufschlagen.

SEHENSWERTES

KAPITÄN-TADSEN-MUSEUM ⭐

Döns und *Pesel, Bilegger* und *Grasterloch* – nach dem Besuch dieses wunderbaren Museums, das nicht anderes ist als ein restauriertes Kapitänshaus aus dem 18. Jh., haben Sie ein paar höchst praktische Einrichtungen kennengelernt und können zudem zu Hause mit „Fachfriesisch" Eindruck schinden. *Führungen Ostern–Okt. Mo–Sa 13.30 Uhr | Eintritt 2 Euro | Ketelswarf 2*

KIRCHE

Lange hat sie unter Wind und Wellen gelitten, 2016/17 konnte sie endlich renoviert werden – die zuletzt 1962 teilweise zerstörte Halligkirche. Eine halbe Million Euro wurde hier mal sinnvoll ausgegeben. Denn nun ist das wertvolle Inventar, vor allem der Flügelaltar von 1670, die Taufen aus Muschelkalk (13. Jh.) und rotem Sandstein (16. Jh.) und die Malereien auf der Holzbohlendecke von 1731, wieder sicher im Trockenen. *Tgl. 8–18 Uhr | Kirchwarf*

ESSEN & TRINKEN/ ÜBERNACHTEN

ANKER'S HÖRN ☙

Ein Vier-Sterne-Hotel auf einer Hallig – seit 2010 gibt es auch das. Freuen Sie sich auf schnuckelige, helle Zimmer in modernem maritimem Stil, Restaurant, Sauna mit Panoramablick, Terrasse, Strandkörbe. Und Halbpension in Form eines abendlichen Menüs wird auch geboten. *12 Zi. (auch Familienzimmer) | Mayenswarf 2 | Tel. 04684 2 91 | www.ankers-hoern.de | €€*

HOTELRESTAURANT HILLIGENLEY

In der Gaststube schmecken liebevoll zubereitete Gerichte wie Scholle, Krabbenrührei & Co. vorzüglich, in den acht (Familien-)Zimmern schlummert man gemütlich. *Hilligenley 4 | Tel. 04684 2 23 | www.hilligenley.de | €*

VOGELSCHWÄRME

Keine andere Region Europas ist so wichtig für den 🔵 Vogelzug wie das Wattenmeer. Viele Millionen Zugvögel nutzen die weiten Schlickflächen und die Salzwiesen zwischen Holland und Dänemark, um auf der Reise zwischen ihren Winterquartieren und ihren Brutgebieten im hohen Norden zu rasten. Im März/April und im September/Oktober fallen sie dann ein: Ringelgänse in endlos langen, v-förmigen Formationen, Singschwäne in langen Reihen, Knutts in riesigen Schwärmen, dazu andere Watvögel wie Alpenstrandläufer und Goldregenpfeifer, Enten aller Art, aber auch Stare, Steinschmätzer und einige Drosselarten. Es ist ein beeindruckendes Erlebnis, die Vogelschwärme über dem Meer zu beobachten, Hunderttausende Individuen, die wie ein einziger Organismus zu funktionieren scheinen, gelenkt von einem unsichtbaren Marionettenspieler. Auf und um die Halligen rasten von Mitte April bis Mitte Mai neben vielen anderen Arten Tausende von Ringelgänsen, im Oktober auch die hübschen Weißwangengänse und die bunten Pfeifenten – nicht nur für Hobbyornithologen eine gute Gelegenheit für einen Halligbesuch.

Wäsche, Wiesen, Wattenmeer: Auf Oland sind Sie ganz nah dran am Alltag der Halligleute

AUSKUNFT

TOURISMUSBÜRO LANGENESS/OLAND
Information und Zimmervermittlung. *Ketelswarf 1 | 25863 Langeneß | Tel. 04684 2 17 | www.langeness.de*

OLAND

(134 B–C2) (*D–E4*) ★ **Nur eine Warft, die wie ein kleines Wehrdorf wirkt, denn alle Gebäude stehen hier dicht beisammen. Oland sei die schönste der Halligen, sagen viele – dies aber vielleicht auch deswegen, weil das sichere Festland so greifbar nah scheint.**
Zumal die ca. 117 ha kleine Hallig durch einen 5 km langen Schienendamm mit Dagebüll verbunden ist. Dieser Damm führt ab Oland weiter aufs 2,5 km entfernte Langeneß. Auf den Gleisen fahren kleine, offene Motorloren hin und her, versorgen Oland mit allem Notwendigen und auch mit Feriengästen, die von ihren Vermietern in Dagebüll abgeholt werden. Etwa 50 Urlaubern bieten die 30 Halligleute Quartier; in ihren 17 Häusern (großenteils reetgedeckt, wie auch Kirche und Leuchtturm) haben sie Ferienwohnungen eingerichtet. Diese von Bäumen und Bauerngärten umgebenen Häuschen drängen sich samt Kirche, Mini-Schule, Gasthof und dem immerhin 7,5 m hohen Leuchtturm um das Wasserreservoir, den *Fething* – Idylle pur. Wer hier Urlaub macht, der findet ganz schnell zu sich selbst, der schaut höchstens mal in das *Kirchlein (Ostern–Okt. tgl. 8–18 Uhr),* deren aus dem 13. bis 17. Jh. stammende Einrichtung ein genaueres Hinschauen verdient, oder bei Winfried Brochtrup in der *Halligstube Kiek in (vorher anmelden unter Tel. 04667 3 90 | €)* mit der schönen Terrasse vorbei. Ansonsten schaut er aufs weite Meer.
Tagesausflügler dürfen die Loren nicht nutzen. Ihnen bleiben die Ausflugsschiffe von Schlüttsiel oder den Inseln aus, eine Wattwanderung ab Dagebüll oder der Fußweg von Langeneß aus über den Damm. *Auskunft: s. Langeneß*

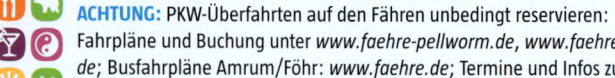

ERLEBNISTOUREN

① DIE INSELN UND HALLIGEN PERFEKT IM ÜBERBLICK

START: ① Strucklahnungshörn
ZIEL: ㉖ Dagebüll Mole

8 Tage
reine Fahrzeit
14 Stunden

Strecke:
 238 km

KOSTEN: Ca. 1600 Euro für 2 Personen für Fahrtkosten, Verpflegung, Eintritte, Unterkunft

MITNEHMEN: Badesachen, Sonnen- und Regenschutz, Fernglas, Rucksack, angemessene Kleidung für die Wattwanderung (→ S. 125)

ACHTUNG: PKW-Überfahrten auf den Fähren unbedingt reservieren: Fahrpläne und Buchung unter *www.faehre-pellworm.de*, *www.faehre.de*; Busfahrpläne Amrum/Föhr: *www.faehre.de*; Termine und Infos zur Wattwanderung bei den Touristinformationen (→ S. 55)

Jeder Zipfel dieser Erde hat seine eigene Schönheit. Wenn Sie Lust haben, die einzigartigen Besonderheiten dieser Region zu entdecken, wenn Sie tolle Tipps für lohnende Stopps, atemberaubende Orte, ausgewählte Restaurants oder typische Aktivitäten bekommen wollen, dann sind diese maßgeschneiderten Erlebnistouren genau das Richtige für Sie. Machen Sie sich auf den Weg und folgen Sie den Spuren der MARCO POLO Autoren – ganz bequem und mit der digitalen Routenführung, die Sie sich über den QR-Code auf S. 2/3 oder die URL in der Fußzeile zu jeder Tour downloaden können.

Mit dem Schiff durchs Weltnaturerbe Wattenmeer – so schön, wie diese Rundreise durch die Welt der Nordfriesischen Inseln beginnt, endet sie auch. Dabei werden Sie erfahren, dass jede der fünf Inseln, die Sie besuchen, einen ganz eigenen, unverwechselbaren Charakter hat – und vielleicht macht Ihnen diese Tour ja Lust, auf der Insel Ihrer Wahl mal einen ganzen Urlaub zu verbringen.

Im Westen von **Nordstrand → S. 80**, in ❶ **Strucklahnungshörn**, fahren Sie auf die Fähre und setzen nach **Pellworm → S. 72** über. Die etwa 35-minütige Fährfahrt verschafft Ihnen einen ersten Eindruck vom Wattenmeer,

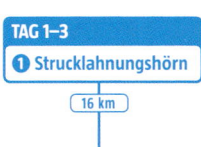

TAG 1–3
❶ Strucklahnungshörn
16 km

Bild: Auf Amrum

2 Kaydeich 17

1 km

3 Leuchtturm

10 km

4 Hooger Fähre

8 km

5 Kirche

1 km

6 Hanswarft

9 km

7 Alte Kirche

7 km

8 Lüttschool

4 km

9 Schipperhus

TAG 4

22 km

10 Restaurant-Café Zur Nordsee

3 km

11 Galerie Lat di Tied

1 km

12 Nordstrander Töpferei

52 km

13 Dagebüll-Mole

12 km

14 Wyk

TAG 5

16 km

15 Dunsum

und bei Ebbe können Sie an Steuerbord (also rechts) **INSIDER TIPP** Seehunde beobachten, die sich auf Sandbänken sonnen. Auf der Insel angekommen, beziehen Sie Ihr Zimmer im **2 Kaydeich 17 → S. 79**, Ihrer Unterkunft für die kommenden drei Nächte, und unternehmen vor dem Abendessen noch einen kleinen Spaziergang zum nahe gelegenen **3 Leuchtturm → S. 75** und zum **Deich**.

Nach dem Frühstück fahren Sie zum Anleger **4 Hooger Fähre**, besorgen sich am **Bistro-Kiosk** etwas zu futtern und zu trinken, entern damit die „MS Gebrüder" und lassen sich zur **Hallig Hooge → S. 90** schippern, wo Sie Zeit haben, die **5 Kirche → S. 90** und die **6 Hanswarft** mit dem **Königspesel → S. 90** zu besuchen und Kaffee zu trinken. Nach etwa 4 Stunden sind Sie wieder zurück. Der Rest des Tages dient der Erholung, am folgenden erkunden Sie die Insel: Neben einem Bad an einer der Badestellen sind die **7 Alte Kirche → S. 75** für die Kultur, die **8 Lüttschool → S. 77** fürs Shopping und das **9 Schipperhus → S. 76** in **Tammensiel** fürs Mittagessen oder einen relaxten Besuch in der Lounge unverzichtbare Stationen.

Mit früher Fähre geht's zurück nach **Nordstrand**, wo Sie zunächst nach **Norderhafen** fahren, um bei einem Snack auf der Terrasse des **10 Restaurant-Cafés Zur Nordsee** einen Blick zurück auf Pellworm zu werfen. Bei der Weiterfahrt lohnt ein Besuch in der **11 Galerie Lat di Tied → S. 83** und in der **12 Nordstrander Töpferei → S. 85**. Danach heißt es: auf nach Norden! **Über Wobbenbüll und Hattstedt fahren Sie auf die B5 und hinter Bredstedt links ab (ausgeschildert) bis Dagebüll.** Die Strecke verläuft ab Schlüttsiel zwischen schafbestandenem Deich und Kögen: Bitte nicht rasen – Sie befinden sich in einem bedeutenden Brut- und Rastgebiet für zahlreiche Vogelarten. Von Parkbuchten aus können Sie die Vögel beobachten. In **13 Dagebüll-Mole** fahren Sie am Nachmittag auf die Fähre, die Sie in ca. 50 Minuten nach **Föhr → S. 32** bringt. Während der Überfahrt erkennen Sie an Backbord (also links) die Warften der Hallig Langeneß → S. 91. In **14 Wyk → S. 48** quartieren Sie sich gleich in Hafennähe für vier Nächte im **Duus-Hotel → S. 54** ein und verbinden den Stadtbummel mit einem Abendessen in einem der vielen Restaurants.

Der Tag beginnt früh, und er wird lang – aber auch spannend! Der Linienbus bringt Sie vom Hafen nach **15 Dunsum → S. 44**, wo Sie am Deich zu einer etwa 2,5-stündi-

gen Wattwanderung nach **Amrum → S. 56** aufbrechen, begleitet von einem Wattführer, der Ihnen viel Wissenswertes über das Weltnaturerbe Wattenmeer erzählt – ein Erlebnis der Extraklasse! An der Nordspitze Amrums, der **16 Odde → S. 66**, angekommen, heißt es Füße säubern, Schuhe an und noch knapp 3 km durch Dünen und Heide nach **Norddorf → S. 66** wandern. Hier dürfen Sie sich erst mal ausruhen, z. B. bei köstlichem Kuchen auf der Terrasse des **17 Cafés Schult → S. 67**.

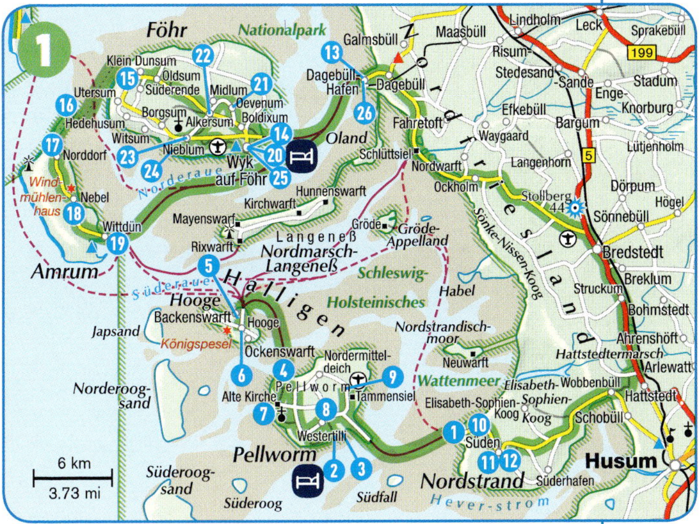

Die Haltestelle des Linienbusses, mit dem Sie **zum Fährhafen nach Wittdün** fahren, liegt gleich gegenüber. Unterwegs aber müssen Sie noch einen Stopp in **18 Nebel → S. 60** machen! Schlendern Sie durch Amrums schönstes Dorf, werfen Sie einen Blick auf **St. Clemens → S. 62** und nehmen Sie für einen Imbiss im Garten von **Dörnsk an Köögem → S. 64** Platz, wo Sie auch gleich noch ein Souvenir kaufen können. **Danach geht es per Bus weiter zum 19 Anleger Wittdün** und in etwa einer Stunde **zurück nach 20 Wyk**. Setzen Sie sich mit einem Glas „Austernfischer" aufs Sonnendeck, und genießen Sie die kleine Schiffsreise!

Dieser Tag ist Wyk und Umgebung gewidmet. Auch wenn das Wetter schlechter ist, bietet das alte Kapitänsstädtchen reichlich Abwechslung: Besuchen Sie das hochinteressan-

8 km

16 Odde

3 km

17 Café Schult

4 km

18 Nebel

6 km

19 Anleger Wittdün

17 km

20 Wyk

TAG 6

te **Friesenmuseum → S. 49** und auf dem Weg dorthin Föhrs `INSIDER TIPP` **Störche** an der Ecke Feldstraße/Badestraße. Machen Sie einen Shoppingbummel auf dem lauschigen **Sandwall → S. 50** und in den Fußgängerstraßen, unternehmen Sie danach einen Spaziergang **auf der langen Promenade zum Südstrand** mit einem kurzen Saunabesuch im **Aquaföhr → S. 54** – und einem Sandwich auf dessen Terrasse – der Blick auf Langeneß ist inklusive. Fürs Dinner reservieren Sie sich einen Tisch in Föhrs Sterne-Restaurant **Alt Wyk → S. 50** – dessen exquisite Gerichte übrigens günstiger zu haben sind, als man denkt –, und der Tag ist rund.

Ihre erste Tat heute ist, sich ein Fahrrad zu leihen, z. B. bei **Fehr** *(Badestr. 6 | Tel. 04681 38 64 | www.fahrrad-fehr.de)*. Damit gehen Sie dann auch gleich auf Erkundungstour. **Über Wrixum** fahren Sie nach **㉑ Oevenum → S. 40** – ein stilles, großenteils noch ursprüngliches Dorf am Rand der Marsch mit reetgedeckten Bauernhäusern, rosenbestandenen Friesenwällen – ein Bilderbuch aus Backstein, Bäumen und Blüten. Natürlich stellen Sie hier das Fahrrad ab und trödeln zu Fuß durch die schmalen Dorfgassen. Weiter geht's nach **Alkersum → S. 41**, zu einem der schönsten Museen in Norddeutschland, dem **㉒ Museum Kunst der Westküste → S. 41**. Dort können Sie Kunstgenuss mit Küchenkunst verbinden und in **Grethjens Gasthof → S. 41** zu Mittag essen.

Sie fahren nun Richtung Süden nach ㉓ Nieblum → S. 35. Meiden Sie die Hauptstraße und **nehmen Sie die (ausgeschilderte) Nebenstrecke.** In Föhrs schönstem Dorf, wie viele sagen, gehört ein Besuch des gotischen „Friesendoms" **St. Johannis → S. 37** zum Pflichtprogramm. Nach dem Spaziergang durchs Dorf fahren Sie weiter **nach Südwesten, durch Goting bis ans Goting-Kliff → S. 36.** Dort gibt's Kaffee und Kuchen im **㉔ Kliff-Café → S. 37**, dazu eine Partie `INSIDER TIPP` **Minigolf mit Meeresblick**. **Für die Rückfahrt nehmen Sie zunächst die grün und orange ausgezeichnete Radstrecke nach Nieblum und dort am östlichen Ortsausgang die grün und violett ausgezeichnete.** So kommen Sie durch herrliche Natur am Nordrand des Golfplatzes und durch den Wald am Flugplatz wieder **zurück nach ㉕ Wyk auf den Fehrstieg. Dort rechts, dann links in die Gmelinstraße und auf Strandhöhe links in die Badestraße, die Sie direkt wieder zum Fahrradverleih führt.** Nach dem Frischmachen im Hotel könnte sich – ge-

TAG 7

7 km

㉑ Oevenum

2 km

㉒ Museum Kunst der Westküste

2 km

㉓ Nieblum

3 km

㉔ Kliff-Café

11 km

㉕ Wyk

folgt vom abendlichen Kulturprogramm – ein Flammkuchen in der **Alten Druckerei** → S. 50 lohnen.

Am letzten Tag nehmen Sie nach dem Frühstück die Fähre zurück nach ㉖ **Dagebüll-Mole**. Und während hinter Ihnen Föhr langsam im Dunst verschwindet, überlegen Sie schon, wann Sie die Inseln im Wattenmeer das nächste Mal besuchen …

TAG 8
___13 km___
㉖ Dagebüll-Mole

---

② WESTERLAND-FÖHR ENTDECKEN

START: ① **Nieblum**
ZIEL: ⑪ **Altes Friesisches Theehaus**

1 Tag
reine Fahrzeit
3 Stunden

Strecke:
🚲 **33 km**

KOSTEN: Verpflegung 60 Euro, Leihrad 6–7 Euro pro Person
MITNEHMEN: Sonnen- und Regenschutz, Trinkwasser, Badezeug, Handtuch für die Füße, Fernglas

ACHTUNG: ① **Nieblum:** Fahrradverleih z. B. bei Welluuper *(Jens-Jacob-Eschel-Str. 5 | Tel. 04681 7 47 17 44 | www.welluuper.de)*
Die Föhrer Radrouten sind gut ausgeschildert; auch gibt es eine Karte (2,70 Euro) mit den Föhrer Themenradtouren bei den Touristinfos.

Natur pur, mittendrin die bildschönen Friesendörfer Nieblum und Oldsum. Windmühlen und Weitblicke übers Wattenmeer. Regionale Küche und Föhrer Feinkost. „Sprechende" Grabsteine und Informationen über Tierwelt und Nationalpark: Auf dieser Tour kommen Sie den Ursprüngen und dem Zauber der Insel ganz nah.

10:00 Im schönsten Inseldorf, in ① **Nieblum** → S. 35, geht's los. Ersparen Sie sich das Kopfsteinpflaster der Hauptstraße und **fahren Sie auf dem Heidweg Richtung Strand. Dort wenden Sie sich nach Westen und folgen der Wegweisung zum** ② **Goting-Kliff** → S. 36, auf das und von dem Sie einen kurzen Blick werfen sollten – schließlich ist es das einzige Kliff auf Föhr. Nach dem Ausblick vom Minikliff **wenden Sie sich wieder landeinwärts und biegen links in den Brukswai ein, der Sie bis zum Vogelschutzgebiet in der** ③ **Godelniederung** → S. 40 führt. Rad abstellen und den kurzen Weg zum **Strand** laufen – bei Ebbe können Sie die Schuhe ausziehen und ein kleines Stück ins Watt gehen. **Auf dem weiteren Weg nach Westen kommen Sie,** geschützt zwischen Strand und Straße und durch wunderbare Ausblicke verwöhnt, **ins klei-**

① Nieblum

___3 km___

② Goting-Kliff

___3 km___

③ Godelniederung

___3 km___

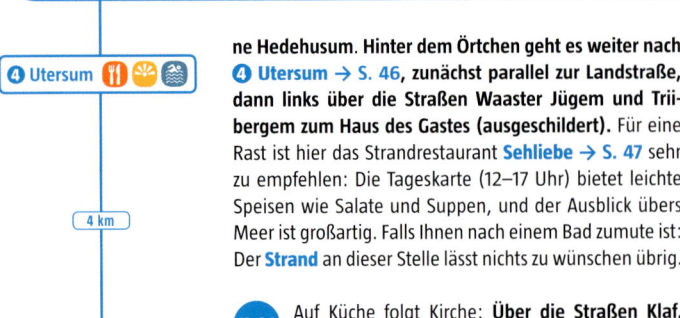

Auf der Karte sind folgende Orte und Punkte verzeichnet: Sörenswai, Schöpfwerk Föhr-Mitte, Schutzstation Wattenmeer (8), Oldsumer Vogelkoje, Dunsum (6), Oldsum, Stellys Hüs, Klintum, Toftum, Klein-Dunsum, Gr. Dunsum, Schöpfwerk Föhr-West, Groß-Dunsum, Süderende, Wanderweg, Westerland, Töftumer Heide, Haus des Gastes, Utersum Yttersum (4), Mönkleihbergem, Lembecksburg (9), Borgsumer Vogelkoje, Triibergem, Hedehusum, REHA-Zentrum, Borgsum (10), Witsum Vitsum (3), Sylvert, Vogelschutzgebiet, Godelniederung, Godel, Goting, FKK, Goting Kliff, Nieblum Niblum (1), De Meere, Haus d. Gastes, Thinghüg, Osterheide, Thiefbergem (2), Hedewung.

1 km
0.62 mi

④ Utersum 🍴 ❄ 🏊

4 km

⑤ St. Laurentii 🏠

3 km

ne Hedehusum. Hinter dem Örtchen geht es weiter nach **④ Utersum → S. 46**, zunächst parallel zur Landstraße, dann links über die Straßen Waaster Jügem und Triibergem zum Haus des Gastes (ausgeschildert). Für eine Rast ist hier das Strandrestaurant **Sehliebe → S. 47** sehr zu empfehlen: Die Tageskarte (12–17 Uhr) bietet leichte Speisen wie Salate und Suppen, und der Ausblick übers Meer ist großartig. Falls Ihnen nach einem Bad zumute ist: Der **Strand** an dieser Stelle lässt nichts zu wünschen übrig.

13:00 Auf Küche folgt Kirche: **Über die Straßen Klaf, Strunwai und Hoofstich radeln Sie Richtung Süderende** zur allein liegenden Kirche **⑤ St. Laurentii → S. 45**

und lesen dort die auf Grabsteinen verewigten Lebensläufe vergangener Generationen – faszinierend. **Auf dem weiteren Weg nach Süderende verläuft der Radweg neben der Landstraße, von der Sie im Ort links nach Dunsum abbiegen und ab Klein-Dunsum der Ausschilderung ⑥ Milk and more → S. 45** folgen, um sich mal auf einem Föhrer Bauernhof umzuschauen und im Hofladen ein nahrhaftes Mitbringsel für daheim zu besorgen.

Danach geht es nicht zurück, sondern **weiter (etwa 1 km) im Zickzack Richtung Norden** durch die Marsch und dann **etwa 1 km nach Osten** ins schöne Friesendorf **⑦ Oldsum → S. 42**. Schließen Sie Ihr Rad **beim Edeka-Markt an der Hauptstraße** an, und erlaufen Sie sich den ursprünglich gebliebenen Ortskern. Besuchen Sie Hauke Nissen in seinem Laden **Art & Weise → S. 44**, bewundern Sie die vielen hübschen Gärten und stillen Sie Ihren (Kaffee-)Durst und (Kuchen-)Hunger im **Café im Apfelgarten → S. 43**.

So gestärkt müssen Sie unbedingt den – hin und zurück – etwa 4 km langen Abstecher zum Deich unternehmen: **Fahren Sie nach Norden auf dem Sörenswai aus Oldsum heraus,** bis Sie unterhalb des Deichs zum Schöpfwerk Föhr-Mitte gelangen. Dort biegen Sie rechts ab und radeln am Deich entlang bis zur kleinen 🌀 **⑧ Informationsstelle der Schutzstation Wattenmeer**. Auf Schautafeln werden die komplexen Zusammenhänge des Ökosystems Wattenmeer erklärt. Und da alle Theorie bekanntermaßen grau ist, können Sie auch gleich aus dem Sattel steigen und jenseits des Deichs einen Blick aufs Meer werfen und aufs Vogelschutzgebiet des Toftumer Vorlands, über das der Blick bis zur Sylter Südküste reicht.

14:00 Nach dieser Exkursion nehmen Sie **den direkten Weg auf der Straße zurück nach Oldsum,** fahren an der Windmühle rechter Hand vorbei bis zur Hauptstraße. Diese überqueren Sie und biegen an der nächs-

Der Utersumer Strand hat auch bei Ebbe seinen Reiz ...

⑥ Milk and more

2 km

⑦ Oldsum

4 km

⑧ Informationsstelle der Schutzstation Wattenmeer

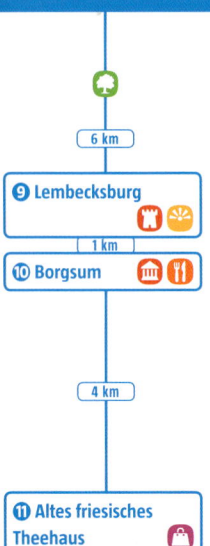

6 km

⑨ Lembecksburg

1 km

⑩ Borgsum

4 km

⑪ Altes friesisches Theehaus

ten Möglichkeit links und dann gleich wieder rechts nach Süden ab. Jetzt führt die Route durchs unbebaute Westerland, bis zum nächsten Ziel Borgsum ist Natur pur angesagt. **Nach knapp 2 km geht es rechts nach Süderende, Sie aber biegen links in Richtung Osten ab und fahren zum Ringwall der ⑨ Lembecksburg → S. 39.** Nachdem Sie den 10 m hohen Wall erklommen und sich an der Aussicht erfreut haben, **radeln Sie geradewegs nach Süden und in einer Links-rechts-Kombination nach ⑩ Borgsum hinein. Nach dem Überqueren der Landstraße** können Sie sich die erst 1991 erbaute **Windmühle** anschauen, aber nur von außen. Und falls Sie schon wieder hungrig und durstig sind: Gleich gegenüber liegt der kleine Garten der Gaststätte **Letj Lembeck's** *(Di geschl. | Malnstieg 5 | Tel. 04683 3 69 | www.lembecks.de | €–€€)*, die auch Kuchen und deftige Speisen anbietet. Von hier aus sind es **auf der Traumstraße → S. 40** knapp 4 km zurück nach **Nieblum**, wo Sie z. B. im **⑪ Alten friesischen Theehaus → S. 38** noch originelle Souvenirs erwerben.

③

AMRUM VON ALLEN SEITEN

START: ❶ Wittdün
ZIEL: ❶ Wittdün

1 Tag
reine Fahrzeit
2 Stunden

Strecke:
🚲 **23 km**

KOSTEN: Verpflegung 40 Euro, Leihrad 6,50–7,50 Euro pro Person
MITNEHMEN: Sonnen- und Regenschutz, Badesachen, Fernglas

ACHTUNG: ❶ Wittdün: Fahrradverleih z. B. beim Amrumer Radhaus *(Achtern Strand 14 | Tel. 04682 9 68 80 45 u. 13 14 | www.amrumer-radhaus.de)*
Die Amrumer Radrouten sind hervorragend ausgeschildert; zusätzlich gibt es eine Karte in den Touristinfos. Einen Großteil der Strecke teilen Sie sich mit Fußgängern: Bitte nehmen Sie Rücksicht!

Dünen und Watten – erleben Sie Amrums vielseitige Landschaft! Die Strecke führt durch den Wald und an den Dünen entlang, durch die Marschwiesen und ans Wattenmeer. So erschließt sich Ihnen fast die ganze Insel an nicht mal einem Tag – eine Odde-Wanderung oder ein Kniepsand-Tag sind ohnehin eine Extratour wert.

❶ Wittdün

3 km

09:30 Meiden Sie die belebte Hauptstraße in **❶ Wittdün → S. 69** und fahren Sie **über Mittelstraße und Köhn's Übergang auf die Inselstraße.** Der Rad-

weg läuft parallel zu ihr. Am skurrilen Garten der Blauen Maus → S. 71 vorbei geht es bis zum ❷ **Leuchtturm →** **S. 69**, den Sie wegen des spektakulären Blicks unbedingt besteigen sollten. Wieder unten **folgen Sie links dem Waldweg,** der für Fußgänger wie für Radfahrer gedacht ist. Die Strecke führt zunächst durch den Kiefernwald. **Nach etwa 4,5 km kreuzen Sie den Weg,** der von Nebel zum Kniepsand führt, und fahren nun am Waldrand durch die Wiesen und Heideflächen der Westerheide, bis Sie der Wegweisung nach links zur Vogelkoje folgen. Dort stellen Sie Ihr Rad ab, schauen sich die ❸ **Vogelkoje → S. 69** an und besuchen jenseits des ⬤ Dünenlehrpfads das ❹ **Ei-** **senzeitliche Haus → S. 69.** Dann geht es weiter **am Rand**

❷ Leuchtturm

5 km

❸ Vogelkoje

1 km

❹ Eisenzeitliches Haus

3 km

103

⑤ Norddorf

der Dünen nach **⑤ Norddorf → S. 66**. Hier ist ein Abstecher an den Badestrand Pflicht, wo Sie am Strandaufgang von der Terrasse des Restaurants **De Strunluuker → S. 67** ein herrlicher Ausblick bis nach Sylt und sehr gutes Essen erwarten. Im Ort selbst müssen Sie einen kleinen Bummel

Ein schönes Plätzchen für eine Verschnaufpause: die Wiese vor dem Öömrang Hüs in Nebel

durch den Fußgängern vorbehaltenen **Strunwai** mit seinen Geschäften machen.

13:00 **Zurück geht's durch den Ort, vorbei am Hotel Hüttmann und dann nach Süden durch die Wiesen auf der Wattseite Amrums** auf einer asphaltierten, aber mäßig befahrenen Straße. Nach etwa 3 km erreichen Sie den schönsten Ort Amrums, **⑥ Nebel → S. 60**. Kleine Gärten vor alten Friesenhäusern sorgen für Postkartenmotive. Und **St. Clemens → S. 62** mit den berühmten Grabsteinen ist eine weitere Attraktion. Gemütliche Cafés ebenso wie der Besuch der ein oder anderen Töpferei können die Weiterfahrt verzögern. Für die nehmen Sie nicht die Hauptstraße, sondern **fahren auf dem Uasterstigh nach Süden und biegen in Süddorf → S. 61 auf die Straße Richtung Wat-**

6 km

⑥ Nebel

3 km

tenmeer nach Steenodde → S. 61 ab, wo Sie an der Landungsbrücke superfrische ungepulte Krabben kaufen können, und zwar im **❼ Steuerhaus No 1 → S. 62**.

16:00 Die letzte Etappe, etwa 1 km, führt **am Deich entlang zurück Richtung Wittdün.** Hier müssen Sie Ihr Rad eventuell zeitweise schieben, denn der Deichweg ist schmal und nicht befestigt. Am **❽ Yacht- und Seezeichenhafen → S. 70** haben Sie die Gelegenheit, sich in der Marina umzusehen, in der vielleicht die eine oder andere schnittige Motoryacht liegt, und dort ein frühes Abendessen im **Seefohrerhus → S. 70** zu sich zu nehmen. Zurück nach **❶ Wittdün** ist es dann nur noch ein Katzensprung.

❼ Steuerhaus No 1

1 km

❽ Yacht- und Seezeichenhafen

1 km

❶ Wittdün

---

❹ PELLWORMER DEICHWANDERUNG

START: ❶ Hooger Fähre
ZIEL: ❼ Café Leuchtfeuer

1 Tag
reine Gehzeit
3 Stunden

Strecke:
➡ **12 km**

KOSTEN: 20 Euro pro Person für Verpflegung
MITNEHMEN: Badesachen, Sonnen- und Regenschutz, Fernglas

ACHTUNG: ❸ Badestelle Schütting und **❻ Badestelle Kaydeich:**
Planen Sie die Tour mithilfe des Gezeitenkalenders, damit Sie die Badestellen während der Flut erreichen.
Die Tour kann auf ganzer Länge sowohl außen- als auch binnendeichs gegangen werden – je nach Windrichtung.

Diese entspannte Wanderung am Deich entlang wird durch kleine Abstecher, Pausen zum Schauen und Genießen und ein Bad im Meer zu einem runden Tagesausflug. Wenn Sie mögen, können Sie an vielen Stellen auch auf der Deichkrone laufen und sich vom Wind so richtig durchpusten lassen.

10:00 Los geht's im Nordwesten Pellworms am Bistro **❶ Hooger Fähre → S. 18**, aber passen Sie auf, dass Sie hier nicht gleich kleben bleiben – denn außer auf Currywurst & Co. treffen Sie hier den ganzen Tag lauter nette Leute. **Übersteigen Sie beim Anleger für die Ausflugsschiffe den Deich und wenden Sie sich gen Süden.** Nach etwa 1,5 km können Sie weit draußen die Hallig Norderoog erkennen. Als zuverlässige Wegmarke auch von jenseits des Deichs zeigt sich der imposante Turm der Alten Kirche: Dort, wo er beinahe bedrohlich hinter dem Deich empor-

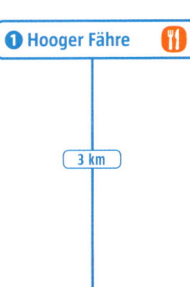

❶ Hooger Fähre

3 km

❷ Alte Kirche 🏠

2 km

❸ Badestelle Schütting 🏊

1 km

❹ Strandcafé 🍴

2 km

❺ Abgangsstelle Süderoog ☀

3 km

ragt, **an der Badestelle Alte Kirche, gehen Sie ein kleines Stück landeinwärts,** werfen in der ❷ **Alten Kirche → S. 75** einen Blick auf die berühmte Arp-Schnitger-Orgel und hinter dem Turm auf einen INSIDER TIPP Gedenkstein für 15 Schweden, die 1950 mit einem nachgebauten Wikingerschiff vor Helgoland untergingen. **Auf dem Weg zur Kirche** liegt rechts ein schilfumsäumter Teich, Rast- und Brutstätte vieler Vögel – das ist eine der Pütten, für die Pellworm bekannt ist. **Weiter geht es außendeichs bis zur** ❸ **Badestelle Schütting,** wo Sie zur Erfrischung ins Meer steigen können. Anschließend **überqueren Sie den Deich** und erfrischen sich von innen mit Roter Grütze und einem Getränk im ❹ **Strandcafé** *(tgl. | Tammwarft 10 | Tel. 04844 3 22).*

13:00 **Sie bleiben binnendeichs, erklimmen ihn nur einmal an der** ❺ **Abgangsstelle Süderoog,** um einen Blick auf die gleichnamige Hallig zu werfen, die sich etwa 5 km entfernt aus dem Meer erhebt. Auf dem weiteren Weg – der Leuchtturm → S. 75 ist nun die Wegmarke – sehen Sie in der Marsch eine ganze Reihe der oben erwähn-

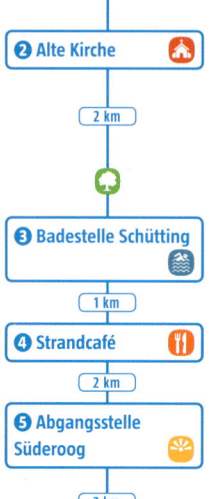

![Der Turm der Alten Kirche ist eine Ruine – und das Wahrzeichen Pellworms](image)

Der Turm der Alten Kirche ist eine Ruine – und das Wahrzeichen Pellworms

ten Pütten. Lassen Sie sich Zeit und beobachten Sie Reiherente, Rotschenkel & Co. **Bei Untjehörn wechseln Sie wieder auf die Wasserseite des Deichs.** An der **❻ Badestelle Kaydeich** angekommen, die kurz vor dem Leuchtturm liegt, können Sie zum Abschluss noch ein Bad nehmen, bevor Sie sich zu Kaffee und Kuchen im Garten des **❼ Cafés Leuchtfeuer → S. 76** niederlassen.

❻ Badestelle Kaydeich
1 km
❼ Café Leuchtfeuer

5

RADELN IM BIOTOP BELTRINGHARDER KOOG

START: ❶ Holmer Siel **ZIEL:** ❼ Am Heverstrom	**1 Tag** reine Fahrzeit 2,5 Stunden
Strecke: ➡ 27 km	

KOSTEN: Verpflegung 40 Euro, Fahrradmiete 5–7 Euro pro Person
MITNEHMEN: Fernglas, Sonnen- und Regenschutz, Trinkwasser

ACHTUNG: Fahrräder z. B. bei Uhle's Fahrradverleih *(Osterdeich 26 | Tel. 4842 2 19)*
❼ **Am Heverstrom:** Küche bis 14 u. ab 17.30 Uhr

Süß- und Salzwasserbiotope prägen den Beltringharder Koog, Refugium für Wasser- und Watvögel und Schleswig-Holsteins größtes Naturschutzgebiet. Vom Außendeich über das Feuchtgrünland der Hattstedtermarsch bis zur Wildniszone nördlich des Nordstrander Damms: Sie werden auf dieser Tour die Faszination der weiten Küstenlandschaft spüren. Für Verschnauf- und Verpflegungspausen ist gesorgt, und am Ende der Tour lassen Sie es sich am Süderhafen gutgehen.

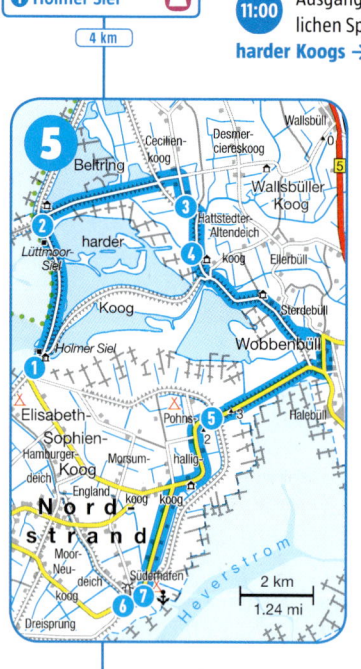

❶ Holmer Siel

4 km

❷ Lüttmoorsiel

5 km

❸ Beobachtungsturm

11:00 Ausgangspunkt ist das **❶ Holmer Siel** an der nördlichen Spitze Nordstrands, am Beginn des **Beltringharder Koogs → S. 85**. Versorgen Sie sich im Bistro **Zum Strandkorb → S. 84** noch mit einem **INSIDER TIPP** Strandkorbbrötchen als Wegzehrung, dann starten Sie direkt am Sielgebäude mit einem **Infopoint** zum Koog. Links läuft der schafbestandene Deich, auf der rechten Seite, dem Koog zugewandt, steht eine Steinskulptur von Ulrich Lindow aus Halebüll, und ein zerdrücktes Sieltor zeugt als Mahnmal von der Urgewalt der Nordsee. Hier können Sie auch gut den Damm zwischen Süßwasserspeicherbecken und Salzwasserlagune erkennen, der sich von den Sielmauern in den Koog hineinschlängelt. **Der Weg führt auf der Asphaltstraße am Deich entlang.** Wenn Sie stoppen und ihn erklimmen, sehen Sie im Westen die Insel Pellworm und ganz nah die Hallig Nordstrandischmoor.

Beim **❷ Lüttmoorsiel** finden Sie einen Infopoint mit Kiosk, Kaffeeausschank und Toiletten – falls es schon nötig ist. Hier geht links der Damm nach Nordstrandischmoor ab, **Sie aber biegen rechts ab auf die Straße Lüttmoordamm, die zwischen Salzwasserlagune (rechts) und zweitem Süßwasserbecken (links) in Richtung Cecilienkoog führt.** Dieser Weg ist ein Fest für Vogelfreunde: Fernglas raus! **Auf dem alten Außendeich angekommen, fahren Sie noch ein kleines Stück geradeaus bis zur Kreuzung und folgen dort dem Schild, das den Weg zur Arlauschleuse weist. Die kleine Straße führt wieder auf die Deichlinie zu. Nach kurzer Zeit kommen Sie dort direkt auf der Deichkrone an** einem **❸ Beobachtungsturm** vorbei. Von dort haben Sie einen guten Ausblick auf die Hattstedtermarsch und auf die Nordsee mit Nordstrand und den Halligen.

13:00 Hungrig und durstig? Kehren Sie ein ins Restaurant **Deichgraf** im ❹ **Hotel Arlau-Schleuse** *(tgl. | Tel. 04846 6 99 00 | www.arlau-schleuse.de | €€)*. **Dann geht's weiter auf der Straße am Deich entlang über die Arlau- und die Jelstromschleuse. Ungefähr 1 km vor dem Nordstrander Damm zweigt die Straße links in Richtung Wobbenbüll ab. Nach dem Ortsschild biegen Sie rechts auf den Feldweg mit zwei Fahrspuren ab, der zum Fahrradweg entlang des Nordstrander Damms führt.** Rechter Hand liegt nun der Holmer See, ein Süßwasserbiotop als Teil des Koogs, links die Schobüller Bucht. Auch hier heißt es wieder: Rad abstellen und die Natur beobachten. **Kurz hinter der Auffahrt nach Nordstrand weist ein Schild nach links deichabwärts zur** ❺ **Schäferei Baumbach → S. 84.** Der **Hofladen** steckt voller Mitbringsel: Souvenirs rund ums Schaf, Nahrhaftes von Lamm und Galloway.

16:30 **Wieder oben auf dem Deich geht es links in die Pohnshalligkoogstraße und nach zwei Kurven links in die Hammchaussee. Die bringt Sie direkt zum Süderhafen.** Ein kurzer Abstecher zur ❻ **Engel-Mühle → S. 83** ist noch drin, bevor Sie sich im Hotel-Restaurant ❼ **Am Heverstrom → S. 83** zum – übrigens sehr guten – Essen niederlassen.

1 km
❹ Hotel Arlau-Schleuse

9 km

❺ Schäferei Baumbach

7 km

❻ Engel-Mühle

1 km
❼ Am Heverstrom

Einer der sonst selten gewordenen „Bewohner" des Beltringharder Koogs ist die Schwanenblume

SPORT & WELLNESS

Sowohl im Wasser als auch an Land wird Sport auf den Inseln großgeschrieben. Wandern ist der Klassiker – vor allem im Watt, aber auch in der Nordic Walking genannten Variante. Und natürlich sind Reiten, Radfahren und Schwimmen inseltypische Sportarten. Einen Überblick über das komplette Sportangebot geben Ihnen die Veranstaltungskalender vor Ort.

In den Schwimm- und Kurbädern der vier Inseln (s. Regionenkapitel) können Sie Stunden mit Thalassotherapie und Spa-Anwendungen aller Art verbringen, auch besitzen einige Hotels kleine Wellnessbereiche. Und dennoch – die Inseln und ihre Natur, Strand und Meer sind die schönste Wellnessoase, die man sich denken kann.

BEACHVOLLEYBALL

Föhr: In Wyk Plätze an der Mittelbrücke und am Südstrand (bei den Surfschulen). Auch in Nieblum und Utersum gibt's Netze. Amrum: Plätze finden Sie in Norddorf und Nebel. Pellworm: Am Leuchtturm (Südstrand) wurde ein Sandplatz aufgeschüttet.

GOLF & CO.

Zwischen Wyk und Nieblum am Flughafen liegt einer der schönsten Golfplätze Norddeutschlands, der *Golf-Club Föhr e. V. (Grevelingstieg 6 | Nieblum | Tel. 04681 58 04 55 | www.golfclubfoehr.de)* mit 27 Löchern. Spielen darf hier, wer ein Handicap von mindestens 54 hat und

Wassersport, Wandern, Wellness: Auf den Inseln und Halligen gibt es ein umfassendes Sport- und Entspannungsprogramm

Mitglied in einem zum DGV gehörenden Club ist.

Für Nordstrand-Urlauber ist der *Golf Club Husumer Bucht (Hohlacker 5 | Schwesing | Tel. 04841 7 22 38 | www. gc-husumer-bucht.de)* näher. Der Platz hat 18 Löcher.

In Oevenum auf Föhr finden Golfer, denen die Golfetikette schon immer ein Gräuel war, und solche, die einfach Spaß am Außergewöhnlichen haben, den **INSIDER TIPP** 9-Loch-Kurzbahn-Platz des Golfclubs *Par-Tee-People Golfclub Oeven-* town *(Buurnstrat 16 | www.parteepeople. de)*. Spielen können Sie jederzeit, 18 Löcher kosten schlappe 5 Euro. In Dunsum auf Föhr hat Familie Hinrichsen neben ihrem Bauernhof *(Aussiedlung 23 | www. milk-more.de)* auf 5 ha Land neun Bahnen angelegt (s. S. 45), auf denen Sie *Swingolf* spielen können.

LAUFEN & SKATEN

Laufen und Walken ist auf den Inseln überall ein Vergnügen. Und auch Inlineskaten macht auf geteerten Wegen Spaß, z. B. an den Deichen, sofern man sich mit Radlern und Läufern einigt. Auf Amrum und Föhr können Sie auch mit Ansporn laufen. Etwa im September beim *Amrumer Insellauf* über 28,5 oder 14,5 km, wovon 15 bzw. 7 km auf dem Kniepsand zu absolvieren sind, oder beim alljährlichen **INSIDER TIPP** ▸ *Wyker Stadtlauf (www. wyker-stadtlauf.de)* im August: 5 km rund um das Hafenstädtchen sind von jedermann zu bewältigen, 10 km von den Profis. Außerdem bei Deutschlands nördlichstem *Marathon (www.foehr-marathon.de)* im März/April, den Sie je nach Kondition auch als Halbmarathon bestreiten können.

Vielseitiger, aber ganz entspannt ist der *Pellwormer Trifun (www.trifun-pellworm. de)*, bestehend aus 500 m Schwimmen, 20 km Radfahren und 5 km Laufen. Für Inliner ist Nordstrand *(www.nordstrand. de)* das beste Pflaster. Dieses schätzen sogar Profis unter ihren Rollen.

RADFAHREN

Von Biking zu sprechen wäre auf den flachen Inseln und Halligen vermessen. Das Fahrrad ist für die meisten Gäste mehr Fortbewegungsmittel als Sportgerät. Auf allen Inseln und Halligen sind Radwege und -touren gut ausgebaut bzw. beschildert. Je nach Windrichtung kann die Fahrt zu einer echten Herausforderung werden. Radwanderkarten – auf ● Föhr und Pellworm gibt es auch thematisch gestaltete Touren – sind bei den Kurverwaltungen erhältlich. Räder können Sie überall leihen *(5–8 Euro pro Tag)*.

REITEN

Kleine und große Reiter und Reiterinnen können auf allen Inseln in den Sattel steigen.

So ist Föhr ein Inseltraum für alle Fans von Flicka und Fury: Reitunterricht, Voltigieren, Ausritte durch die Marsch und

Ob versiert im Umgang mit Brett und Segel oder Anfänger – Nieblum ist ideales Surfrevier

ins Watt z. B. auf und mit dem *Reitstall Christiansen* (Alkersum | Tel. 04681 39 67 u. 0171 2 31 50 88 | www.inselge stuet-christiansen.de), dem *Grevelinghof* (Nieblum | Tel. 04681 5 91 84 u. 0170 5 63 47 71 | www.grevelinghof.de) oder mit Nancy Petersens *Reitimpulsen* (Wrixum (Büro) | Tel. 04681 50 15 88 u. 0177 5 89 33 44 | www.reitimpulse.de). Der *Lerchenhof* (Lerchenweg 17 | Wyk | Tel. 04681 44 33 | lerchenhof-foehr.de) verschafft Groß und Klein das Vergnügen, auf Islandpferden zu reiten.

Amrum: *Reiterhof Andresen* (Hoofstich | Norddorf | Tel. 0170 9 66 92 54 | www.reiterhof-andresen-amrum.de): Unterricht, Ausritte, Voltigieren und mehr, auch Ponys.

Pellworm: Reiten – auch im Watt – und Ponyreiten auf dem *Appelhof* (Schulstr. 9 | Tel. 04844 2 24 | www.appelhofpellworm.de).

Nordstrand: Einen schwarzen Friesen reiten dürfen Sie auf dem **INSIDER TIPP** *Friesengestüt Nordstrand* (Elisabeth-Sophien-Koog 16 | Tel. 04842 9 01 96 24 | www.friesengestuet-nordstrand.de).

SEGELN

Wer mit dem eigenen Boot angeschippert kommt, der findet in den Sportboothäfen von Föhr (www.hafen-wyk.de), Amrum, Pellworm, Nordstrand, Hooge und Langeneß Gastliegeplätze.

Föhr: Katamaran-, Jollen- und Opti-Segeln, Kurse und Verleih am Wyker Südstrand bei *Windsurfing Föhr* und *Schapers Wassersport-Center* (Adressen s. „Surfen & Kiten"), das auch Yachtsegelkurse ab der Wyker Marina durchführt.

Amrum: Ricklef Boyens betreibt die *Surf- und Segelschule Amrum:* Katamaranvermietung, Ausflüge, Schulung für Ein- und Umsteiger, auch für Kinder (Adresse s. „Surfen & Kiten").

Der *Hallig Segel Club auf Hooge* (hschooge.de) ist auch beliebter Stützpunkt für Seekajak-Paddler.

SURFEN & KITEN

Föhr: Die geringe Brandung macht Föhr zu einem guten Revier für Anfänger. Um Himmelfahrt herum stellen Windsurfer beim *Föhr-Cup* (Nieblumer Surfstrand | Termine und Infos im Veranstaltungskalender) ihr Können unter Beweis.

Nieblumer Windsurfing-Schule (Badestrand Ende Heidweg | Tel. 04681 47 66 in der Saison | www.nws-foehr.de): Windsurfen, Kiten, Kitebuggy und Katamaran. *Windsurfing Föhr* (Pitschi's Surfhütte | Promenade Nr. 13 | Büro: Strandstr. 33 | Wyk | Tel. 04681 74 78 12 u. 0170 9 00 67 76 | www.windsurfing-foehr.com): Verleih, Wind- u. Kitesurfen, Surfschulen am Wyker Südstrand (Mai–Sept.) und Juni–Aug. auch am Utersumer Strand (nur Windsurfen). Strandbar. *Westend Surfing* (Parkplatz vom Hundestrand | Utersum | Tel. 0151 70 10 15 30 u. 0160 2 21 57 95 | westendsurfing.com) bietet Kitesurfing- und Stand-up-Paddling-Kurse am Utersumer Strand an. *Schapers Wassersport-Center* (Mitte April–Mitte Okt. | Promenade Nr. 20 | Büro: Strandstr. 23 | Wyk | Tel. 04681 58 00 87 u. 55 00 88 (Büro) | www.schapers.net): Verleih, Wind- und Kitesurfen, Kanu, Ocean-Kayak, Stand-up-Paddling. Strandbar.

Amrum: Die Westküste ist ein ideales Revier. Im Sommer finden Wettkämpfe statt (Termine s. Veranstaltungskalender). ● *Surfschule Amrum* (Mai–Okt. | am Norddorfer Strand | Tel. 0160 4 27 60 84 u. 0171 4 84 93 16 | www.surfschule-amrum.de): Schulung für Anfänger, Fortgeschrittene und Kinder, Verleih, Brettlagerung, Kitesurfen.

Nordstrand: Im Surfgebiet Holmer Siel treffen Anfänger auf gute Bedingungen.

MIT KINDERN UNTERWEGS

Eine Schaufel, einen Haufen Sand und jede Menge Wasser – viel mehr ist nicht nötig, um Kinder hingebungsvoll beschäftigt zu sehen. Föhr mit seinem Watt und der geringen Brandung ist ideal für kleine Kinder; Amrums Kniepsand ist in seiner ganzen Länge für Kinder zu empfehlen.

Auf den Inseln ist man sehr auf Familien mit Kindern eingestellt. Das Angebot speziell für die ganz jungen Gäste ist umfangreich. Auch auf den kleineren Inseln und Halligen locken die Kurverwaltungen mit kleinen und großen Veranstaltungen. Bei Festen und Events gibt es immer auch Extra-Angebote für Kinder. Die Schwimmbäder haben besondere Kinderbereiche. Für Jugendliche sind die Sportmöglichkeiten reizvoll: Reiten oder

Segeln lässt sich im Urlaub gut erlernen. Und so gut wie alle Schiffseigner und Reedereien haben kindgerechte Ausflüge im Angebot. Prospekte gibt's bei den Touristinformationen.

Wenn das Wetter mal richtig schlecht ist, dann sorgen große Indoor-Spielplätze mit vielen Attraktionen für einen ausgefüllten Urlaubstag: auf Föhr der *Fun-Park (tgl., Nov.–Anf. März nur Fr–So | Eintritt 5,50 Euro, Kinder 10 Euro | Achtern Diek 5–7* (131 E5) *(*✪ *C4) | Wyk | www.foehrfun.de)* und auf Amrum das *Abenteuerland (April–Sept./Okt. tgl. | Eintritt 5 Euro, Kinder 9,50 Euro | Hoofstich 3* (132 C1) *(*✪ *A4) | Norddorf | www.abenteuerland-amrum.de).*

In Lokalen sind Kinder gern gesehen. Kaum ein Restaurant, kaum ein Café, in

Mehr als Sonne, Wind und Wasser: Auch kleine Feriengäste kommen bei einem Insel-urlaub in der Nordsee voll auf ihre Kosten

dem Hochstuhl und Kindermenü fehlen. Grenzenlose Toleranz herrscht aber nicht überall. Das muss ausdrücklich gesagt werden. Vielerorts wird erwartet, dass sich die kleinen Gäste manierlich benehmen, nicht über Tische und Bänke turnen oder andere Urlauber stören.

FÖHR

Märchenstunden am Strand, Basteln mit Meeresfunden, Fahrradrallye – regelmäßige Angebote der Kurverwaltungen sind im Veranstaltungskalender „Was ist los auf Föhr?" aufgeführt.

ABENTEUERTOUR JAPSAND

Die „Hauke Haien" nimmt Kinder und ihre Begleitung bei gutem Wetter mit auf große Fahrt. Zum Krabbenfang in den Prielen, zum Fotografieren an den Seehundsbänken und zum „Landgang" auf der großen Sandbank Japsand (0) *(W B5–6)* vor Hallig Hooge zum Muschel- und Bernsteinsammeln. *Termine im Veranstaltungskalender und unter* www.wattenmeerfahrten.de | Fahrt (4,5–5,5 Std.) 19 Euro, Kinder (6–14 J.) 10 Euro | ab Alte Mole | Hafen | Wyk

FREIZEITHELFER-LADEN ●
(131 E5) (*ω C4*)

Dieser „Laden" hat für Groß und Klein jede Menge Spaß im Angebot: von der Gutenachtgeschichte über Wattführungen bis zu den Kinder-Piratentagen (Ende Juli). Teilnahme kostenlos oder gegen einen geringen Beitrag möglich. Preise und Termine im Föhrer Veranstaltungskalender. *Sandwall 38 | Wyk | Tel. 04681 5 03 49 | www.freizeithelfer-wyk.de*

KINDER-UNI

„Erobern Aliens das Watt?", „Wie sieht ein altes Segelboot von innen aus?" „Wi snaake Fehring"– das sind nur einige der Themen: Von Ende Juni bis Anfang Sept. halten Professoren und Wissenschaftler spannende Vorlesungen für Kids von 5 bis 14 Jahren, außerdem gibt es aufregende Expeditionen über die Insel und aufs Wasser. *Infos, Preise u. Termine: www.kinderuni-foehr.de*

KRABBENFANGFAHRT (131 F5) (*ω C4*)

Auf der „Hauke Haien" lernen Kinder (und Erwachsene) auch das Einmaleins des Krabbenfangs: Netze auswerfen und wieder einholen, fangen, anschauen, kochen, pulen und ... essen natürlich. *Termine im Veranstaltungskalender und unter www.wattenmeerfahrten.de | Fahrt 16,50 Euro, Kinder (6–14 J.) 10 Euro | ab Alte Mole | Hafen | Wyk*

MILK AND MORE (129 E2) (*ω B3*)

Fußballgolf, Streichelzoo, Carrera-Slotcarbahn, Buggy-Racing, Treckerparcours und ein Modell-Spielland, in dem die Kids mit ferngesteuerten Landwirtschaftsfahrzeugen im Maßstab 1:32 einen Bauernhof bewirtschaften können.

Nebensaison Do geschl. | Preise s. Website | Aussiedlung 23 | www.milk-more.de

NATIONALPARK-ZENTRUM
(131 E5) (*ω C4*)

Im 2. Stock der Amtsverwaltung geht's zur Sache: Informativ und interaktiv wird ein Wattenmeer zum Riechen, Hören und Anfassen präsentiert. Spannend: bei der `INSIDER TIPP ▶` <mark>Fischfütterung</mark> *(Mai–Sept. Mo, Mi 15, Fr 11 Uhr)* zugucken. *April–Okt. So–Fr 10–17.30, Nov.–März Do, Sa 14–17 Uhr | Eintritt 2,50 Euro, Kinder 1,20 Euro | Hafenstr. 23 | Wyk | www.npz-foehr.nationalparkservice.de*

AMRUM

AUSFLUGSFAHRTEN (133 E5) (*ω B5*)

Drei- bis fünfmal pro Woche sticht die „Eilun" in See, um u. a. den Seehundsbänken einen Besuch abzustatten oder auf Krabbenfang zu gehen. Bei allen Fahrten haben Kids die Möglichkeit, bei Kapitän Bandix Tadsen das „Steuermannspatent" zu machen. *Termine in „Amrum aktuell" | Fahrt 15–18,50 Euro, Kinder 7–9 Euro | ab Fähranleger | Wittdün | www.eilun.de*

LOLLYPOP, RÄUBERHÖHLE, SCHATZKISTE

Lollypop in Norddorf am Strand (132 B1) (*ω A4*), die *Räuberhöhle* in Nebel (133 D3) (*ω B4*), die *Schatzkiste* im Amrum-Badeland (133 D5) (*ω B5*) – in den Veranstaltungsräumen der Amrum Touristik werden Kinder ab 3 Jahren regelmäßig professionell betreut und basteln z. B. Tiermasken oder besuchen die Zirkusschule. Alle Veranstaltungen in „Amrum aktuell".

SOCCER ACADEMY (133 E5) (*ω B5*)

Training, Taktik und ein Turnier zum Abschluss: viertägiges Fußballcamp unter Anleitung von Ex-Bundesligaprofis wie Thomas Seeliger mit allem Drum und

Dran (Sportkleidung, Mittagessen etc.) auf den Anlagen des TSV Amrum. *Tgl. 10–16 Uhr | 119–155 Euro | Infos u. Anmeldung unter www.socceracademy.de*

NORDSTRAND

Es gibt viele Angebote der Kurverwaltung: Kinderwattwanderungen, Reiten, Skaten und Spiel- und Bastelnachmittage. Termine im Veranstaltungskalender.

PELLWORM

In der *Pellwormer Kinnerstuv (April–Okt. Di, Do 15–18 Uhr | 2 Euro/Std. zzgl. Materialkosten | Wattenmeerhaus, s. S. 76)* können Kinder von 3 bis 12 Jahren drinnen und draußen spielen, basteln und feiern. Mehr Infos in „Pellworm heute". Dort finden Sie auch größere Veranstaltungen wie das Piratenfest, Kutterfahrten, kindgerechte Watt- oder Fackelwanderungen am Deich.

FREIZEITANLAGE KAYDEICH
(134 B5) (*M D7*)

Zu dieser Anlage gehören u. a. auch die *Multisportarena (tgl. 10–17 Uhr)* mit Basketball, Tischtennis, Streetball, Inlineskating und -hockey, ein Abenteuerspielplatz und ein Minigolfplatz.

HALLIGEN

AUSFLUGSFAHRTEN

Kapitän Uwe Petersen fährt mit der „Rungholt" zu den Seehundsbänken oder geht mit seinen Gästen auf Seetierfang: Mit dem Muschelsuchnetz fängt er Muscheln, Schnecken, Garnelen, Strandkrabben und Seesterne und erzählt den Passagieren Wissenswertes über die einzelnen Arten, bevor die Tiere – gesund und munter – wieder ins Meer gesetzt werden. *Termine und Anmeldung bei den Tourismusbüros oder bei Kapitän Uwe Petersen | Fahrt 15–20 Euro, Kinder (4–14 J.) 10 Euro | Tel. 04667 367 | www.halligmeerfahrten.de*

Nachwuchs in der Kegelrobbenkolonie auf Jungnamensand, einer Sandbank westlich von Amrum

EVENTS,
FESTE & MEHR

Die Insulaner pflegen ihre alten Bräuche mit großer Hingabe, auch beim Feiern, bei Ringreiter- oder Boßelturnieren, bei Hochzeiten und Konfirmationen. Das Programm für Touristen ist – vor allem von Mai bis September – wirklich abwechslungsreich: Dorf- und Hafenfeste, Kunsthandwerker- und Bauernmärkte, Strandfeten. Veranstaltungsprogramme bei den Kurverwaltungen.

FESTE & VERANSTALTUNGEN

1. JANUAR
Beim *Neujahrsschwimmen* in Wyk tauchen Hartgesottene in die kalte Nordsee, während die Zuschauer Punsch trinken. *Strand vor dem Aquaföhr*

21. FEBRUAR
⭐ 🔵 *Biike-Brennen:* uralter Friesenbrauch und seit 2015 immaterielles Weltkulturerbe, bei dem der Winter mit Feuern ausgetrieben wird. Danach gibt's Grünkohl satt und Schnaps fürs Wohlgefühl.

APRIL/MAI
⭐ 🔵 *Ringelganstage auf den Halligen und Pellworm:* Zehntausende Ringelgänse rasten jährlich auf den Salzwiesen der Halligen. Gäste können sie beobachten –

an Land, im Watt oder vom Wasser aus (drei Wochen). *www.ringelganstage.de*

MAI
Während der *Nordfriesischen Lammtage* (Ende Mai–Ende Juli) kann man vielerorts beim Schafscheren zuschauen, Märkte werden veranstaltet, und überall gibt's Lammgerichte. *www.lammtage.de*

JUNI
Sonnwendfeier (21. Juni) auf Amrum: Feuer am Strand, Musik allerorts, Ringelreihn Beginn der *Ringreiterturniere* (bis Sept.), in deren Rahmen es auch Kinderringreiten und „Probierreiten" für Urlauber gibt. Pellworm, Alte Kirche: 🔴 Auf der Arp-Schnitger-Orgel konzertieren *bekannte Organisten* (Mitte Juni–Mitte Sept. mittwochabends).

JULI/AUGUST
Hooger Schleusenfest mit der inoffiziellen deutschen Meisterschaft im Optimistensegeln (ein Tag)
Pellwormer Hafenfest (ein Tag)
Je ein ⭐ *Konzert des Schleswig-Holstein Musik Festivals* findet in den Föhrer Kirchen St. Johannis und St. Nicolai statt sowie im Museum Kunst der Westküste und sogar auf einer Fähre. *www.shmf.de*

Ringreiten und Ringelganstage: Jahrhundertealte Bräuche und Feste wechseln sich mit besonderen Events für die Inselgäste ab

AUGUST/SEPTEMBER

Das für Naturschützer grenzwertige Feuerwerksspektakel *Föhr on Fire* setzt den Himmel überm Wattenmeer in Brand – im Rahmen des zweitägigen *Wyker Hafenfests* mit über 60 Ständen auf dem Hafenmarkt, Biergarten, Straßenkünstlern, Karussell und Livemusik.
Eintägiges *Molenfest* des Amrumer Segel- und Regattavereins in Steenodde mit Musik und Papierbootregatta
Bei der achttägigen *Pellwormer Kulturwochen* öffnen die vielen Künstler und Kunsthandwerker der Insel ihre Türen.

OKTOBER

Seit 1710 gibt es in Wyk den *Jahrmarkt* – von allen Inseln und vom Festland kommen Besucher, um vier Tage lang die Gründung des Hafens zu feiern.

DEZEMBER

Am Nikolaustag beginnt ein zweitägiger, sehr stimmungsvoller INSIDER TIPP *Weihnachtsmarkt* im Wyker Friesenmuseum.

SILVESTER

Ütj to kenknen: Verkleidete Kinder und Erwachsene (auf Föhr Kenkner genannt) ziehen von Haus zu Haus und wünschen mit Liedern oder anderen Darbietungen ein gutes neues Jahr. Als Lohn gibt's was Süßes oder ein Schnäpschen.
Bei der *Silvesterparty* in Wyk tummeln sich unzählige Gäste um Hafen und Sandwall beim Feuerwerk, das auf der restlichen Insel verboten ist.

FEIERTAGE

1. Jan.	Neujahr
März/April	Karfreitag, Ostermontag
1. Mai	Tag der Arbeit
Mai/Juni	Himmelfahrt, Pfingstmontag
3. Okt.	Tag der Deutschen Einheit
25./26.Dez.	Weihnachten

LINKS, BLOGS, APPS & CO.

LINKS & BLOGS

www.wattenloepers.de Bei De Wattenlöpers handelt es sich um den „Fachverband der Wattführerinnen und Wattführer im Nationalpark Schleswig-Holsteinisches Wattenmeer", der eine informative Seite betreibt – mit einer Karte, auf der alle Orte eingezeichnet sind, von denen aus Wattführungen starten

www.wattenmeer-weltnaturerbe.de Umfassende Informationen über den weltweit einzigartigen Lebensraum Wattenmeer in seiner ganzen Vielfalt – aktuelle Nachrichten aus Holland, Deutschland und Dänemark inklusive

www.robbenzentrum-foehr.de Die Seite veranschaulicht das Engagement von Janine Bahr und André van Gemmert: Ihre Rehabilitationsstation für Seehund und Kegelrobbe liegt unübersehbar hinterm Wyker Hafen (Achtern Diek 5)

www.marcopolo.de/amrum_foehr Alles auf einen Blick zu Ihrem Reiseziel: interaktive Karten inklusive Planungsfunktion, Impressionen aus der Community, aktuelle News und Angebote …

www.amrum-news.de Die Online-Zeitung der Insel berichtet zwar nicht immer topaktuell, aber für die Amrumer und ihre Gäste, für die die Zeit ohnehin etwas langsamer läuft, ist sie genau das Richtige

halligblog.wordpress.com Unter der Überschrift „Warftworte" bloggen sieben Autor(inn)en kenntnisreich und kritisch zu „Haupt- und Nebensächlichkeiten von den Nordfriesischen Halligen"

foehrimmer.wordpress.com Eine Neu-Föhrerin berichtet begeistert (und mit tollen Fotos) über ihren Alltag

short.travel/foe6 Die besten Pensionen, Sehenswürdigkeiten, Hotels und Restaurants auf Föhr – laut Einschätzung der registrierten Nutzer

blog.findlingamrum.de Christiane Junge betreibt in Norddorf auf Amrum

einen niedlichen Laden mit Wohnaccessoires und nebenbei diesen zauberhaften Blog mit vielen Bildern von ihrer Insel

www.ihko.de Die Insel- und Halligkonferenz e.V. ist ein Zusammenschluss der Nordfriesischen Inseln, der Halligen und Helgolands mit der Zielsetzung, die Identität der Region zu wahren. Themen sind u. a. Küsten- und Klimaschutz, Verkehr, Daseinsvorsorge, nachhaltige Regionalentwicklung, Tourismus

VIDEOS & MUSIK

www.elmeere.de Unter dem Menüpunkt „Media" finden sich Standbilder von vier Webcams, vor allem aber einige Filme von fünf bis neun Minuten Länge, die über den Naturschutzverein Elmeere berichten und zudem viele Schönheiten der Insel Föhr zeigen

short.travel/foe2 „8 Dorfgeschichten von Föhr": 40 Minuten mit fundierten, spannenden Beiträgen des „Schleswig-Holstein Magazins" des NDR

short.travel/foe1 Im Dezember 2013 fegte Sturmtief „Xaver" über den Norden Deutschlands und bescherte der Nordseeküste drei Sturmfluten in Folge – wie die Hooger dieses „Ausnahme-Landunter" erlebten, zeigt die Reportage des NDR

short.travel/foe3 Wenn Sie wissen wollen, wie viele Organisationen sich um den Schutz des Wattenmeers bemühen – hier erfahren Sie es in knapp zwei Minuten. Dazu schöne Bilder von einer Wattwanderung zur Hallig Gröde

APPS

City2Click Die Gratis-Smartphone-App ermöglicht Föhr-Besuchern, die Infos zu Sehenswürdigkeiten etc. abzufragen

Hundestrände An welche Strände darf man seinen Hund mitnehmen? Diese App verrät es – für Nord- und Ostseeküste

Nordseegezeiten Der Aufenthalt im Wattenmeer ist nicht ungefährlich (s. S. 140). Diese Gratis-App gibt exakte Antworten auf existenzielle Fragen wie: Wann kommt die Flut, wann geht die Sonne unter, und wo genau bin ich gerade?

PRAKTISCHE HINWEISE

ANREISE

🚆 Föhr und Amrum: Von März bis Oktober und in den Winterferien sind Kurswagen der Bahn aus vielen deutschen Städten bis Dagebüll-Mole unterwegs, wo die Fähren zu den beiden Inseln ablegen. Ab Niebüll verkehrt zudem die „Marschenbahn" der NEG – auch außerhalb der o. g. Saison – bis Dagebüll. Nordstrand und Pellworm: Endstation der Bahn ist Husum. Vom Bahnhof fährt mehrmals täglich der Bus nach Nordstrand und dort bis zum Anleger Strucklahnungshörn (im Bahnticket inbegriffen) zur Fähre nach Pellworm.

Auch zwischen Schlüttsiel, wo die Fähre zu den Halligen ablegt, und Dagebüll-Mole fährt ein Bus.

GRÜN & FAIR REISEN

Auf Reisen können auch Sie mit einfachen Mitteln viel bewirken. Behalten Sie nicht nur die CO_2-Bilanz für Hin- und Rückflug im Hinterkopf (www.atmosfair.de), sondern achten und schützen Sie auch nachhaltig Natur und Kultur im Reiseland (www.gate-tourismus.de; www.zukunft-reisen.de; www.ecotrans.de). Gerade als Tourist ist es wichtig, auf Aspekte zu achten wie Naturschutz (www.nabu.de; www.wwf.de), regionale Produkte, Fahrradfahren (statt Autofahren), Wassersparen und vieles mehr. Wenn Sie mehr über ökologischen Tourismus erfahren wollen: europaweit www.oete.de; weltweit www.germanwatch.org

🚗 Amrum, Föhr, Langeneß, Hooge, Oland: A 7 bis Flensburg-Handewitt, dann auf der B 199 über Leck nach Dagebüll. Oder A 23 bis Heide, dann auf der B 5 über Husum nach Dagebüll. Die letzten 13 km führen durch die Köge. In Schlüttsiel legt die Fähre nach Hooge, Langeneß und Amrum ab. Von Dagebüll geht es per Fähre nach Föhr und Amrum. Festlandsstation des privaten Lorendamms nach Oland ist ebenfalls Dagebüll. Nordstrand erreicht man von Husum über Hattstedt (B 5) oder über Schobüll in etwa 20 Min. Kurz vor dem Fähranleger in Dagebüll liegt der *Inselparkplatz* mit 2500 Stellplätzen, dem Parkcenter mit Bistro und Fahrkartenausgabe und kostenlosem Shuttlebus zur Fähre. Reservierung nicht möglich! *1.–7. Tag 7,50 Euro/24 Std., 8.–12. Tag 6,50 Euro/24 Std., 13.–30. Tag kostenlos; Garagenplatz zzgl. 1,50 Euro/Tag | www.inselparkplatz.de*

⛴ Die Wyker Dampfschiffs-Reederei, kurz W.D.R., betreibt die Fährlinien Dagebüll–Föhr–Amrum und Schlüttsiel–Hooge–Langeneß–Amrum. Von Dagebüll nach Föhr (50 Min.) und Amrum (90 Min., über Föhr 2 Std.) gibt es im Sommer bis zu 14 bzw. acht Abfahrten täglich, von Schlüttsiel nach Hooge (1 Std. 15 Min.) und Langeneß (1 Std. 45 Min.) täglich zwei, nach Amrum (2 Std. 45 Min.) eine. Hin- und Rückfahrt Dagebüll–Föhr kosten für Erwachsene 13,80 Euro, nach Amrum 19,60 Euro, von Schlüttsiel zu den Halligen 15,20 Euro, Kinder (6–14 Jahre) jeweils die Hälfte. PKWs werden nach Länge abgerechnet (so kostet z. B. ein VW Golf nach Föhr und zurück ca. 93 Euro, nach Amrum ca. 109 Euro). Wenn Sie eine Rundreise machen oder einen Zwi-

Von Anreise bis Wetter

schenstopp einlegen möchten, wird es billiger, wenn Sie das vor Reiseantritt so buchen. *Wyker Dampfschiffs-Reederei (W.D.R.) | Am Fähranleger 1 | Wyk | KFZ-Buchungen vorzugsweise online unter www.faehre.de oder unter Tel. 04667 9 40 30 (tgl. 8–18 Uhr)*

Die Neue Pellwormer Dampfschifffahrts-GmbH ist für die Fährverbindung zwischen Nordstrand (Strucklahnungshörn) und Pellworm zuständig (35 Min.). Im Sommer verkehrt die Fähre fünf- bis sechsmal täglich.

Für Hin- und Rückfahrt zahlen Erwachsene 12 Euro, Kinder (6–14 Jahre) die Hälfte – inkl. Bustransfer vom Anleger auf Pellworm bis zum Kurzentrum und wieder zurück –, ein PKW von 4250 mm Länge (VW Golf) kostet 84 Euro. *Neue Pellwormer Dampfschifffahrts-GmbH | Am Tiefwasseranleger 1 | Pellworm | Tel. 04844 7 53 | KFZ-Buchungen unter www.faehre-pellworm.de oder telefonisch*

Die KFZ-Plätze auf den Fähren sind im Sommer, zum Jahreswechsel und in den Ferienzeiten oft schon früh ausgebucht. Reservieren Sie rechtzeitig!

Bei starkem Sturm und bei Eisgang verkehren die Fähren nicht. Bei starkem Ostwind und/oder Nipptide (starkem Niedrigwasser) kann es ab und an geschehen, dass die Schiffe – vor allem vor Amrum – auf Grund laufen. Sobald die Flut kommt, geht's weiter … Bei „Land unter" werden die Halligen nicht angelaufen.

AUSKUNFT

NORDSEE-TOURISMUS-SERVICE GMBH

Gastgeberverzeichnisse, Fahrpläne, Kontaktadressen. *Zingel 5 | 25813 Husum |* *Tel. 04841 8 9750 | www.nordseetourismus.de*

Hervorragende Auskunft auch vor der Reise bieten die von den Tourismusinformationen der einzelnen Inseln *(Adressen und Website s. dort)* herausgegebenen Broschüren (zum Teil mit CD).

WAS KOSTET WIE VIEL?

Kaffee	3–3,50 Euro *für einen Becher*
Kuchen	3,50–4 Euro *für ein Stück Friesentorte*
Fahrrad	5–8 Euro *Miete pro Tag*
Imbiss	4,50 Euro *für ein Matjesbrötchen*
Strandkorb	8 Euro *Miete pro Tag auf Föhr*
Souvenir	4–5 Euro *für ein Stück Schafsmilchseife*

GELD

Amrum und Föhr sind mit Geldautomaten recht gut ausgestattet. Pellworm hat zwei Geldautomaten, Nordstrand einen. Auf Hooge und Langeneß können Sie während der Banköffnungszeiten am EC-Cash-Terminal Bargeld abheben. Auf Gröde gibt es keine Zahlstelle, auf Oland nur eine Poststelle. Dorthin nehmen Sie das Urlaubsgeld am besten mit oder lassen es sich per Post anweisen.

Beachten Sie, dass Sie in den meisten Restaurants und Geschäften bar bezahlen müssen. Vielerorts ist die Zahlung mit EC-Karte nicht möglich; Kreditkarten werden meist nirgendwo akzeptiert.

INTERNET & WLAN

Die Netzabdeckung ist auf den Inseln und Halligen überall gut. WLAN gibt es auf den Fähren der W.D.R., in vielen Hotels und Ferienhäusern und in einigen Gaststätten – vor allem in denen, die ein jüngeres Publikum anziehen. Und auch auf einem Teil des Sandwalls in Wyk können Sie Hotspots nutzen.

KLEIDUNG

Auch in den Sommerurlaub sollten Sie Regenjacke und Pullover oder Strickjacke mitnehmen – ein Schauer kommt so schnell, wie er wieder verschwindet, und bei Wind wird es abends schnell frisch. Ebenso unverzichtbar sind Sonnenbrille, -hut und -creme mit hohem Schutzfaktor.

KLIMA

Der Golfstrom und das nicht sehr tiefe Wattenmeer sorgen für ein relativ mildes Klima. Im Vergleich zum Festland gibt es mehr Sonnenstunden, und im Winter ist es wärmer. Ein wenig Wind weht immer, das ist der Grund dafür, dass ganztägiger Regen selten ist, ebenso wie komplett schwül-heiße Tage.

Auch wenn die ganz Harten zu Weihnachten oder Neujahr in die Nordsee hüpfen: Badesaison für Otto Normalschwimmer ist von Mitte Juni bis Mitte September. Die Nordsee wird zwar kaum einmal wärmer als 18 Grad, kann sich aber dort, wo

WETTER AUF FÖHR

	Jan.	Feb.	März	April	Mai	Juni	Juli	Aug.	Sept.	Okt.	Nov.	Dez.
Tagestemperaturen in °C	3	3	5	9	14	17	19	19	16	12	8	5
Nachttemperaturen in °C	-1	-1	1	4	8	12	13	14	12	9	4	1
Sonnenschein Stunden/Tag	2	3	4	6	8	8	7	7	5	3	2	1
Niederschlag Tage/Monat	12	8	10	9	8	9	11	11	13	13	16	13
Wassertemperaturen in °C	4	3	4	6	10	13	16	17	15	13	9	6

das Wasser besonders flach ist, durchaus schon mal auf über 20 Grad „erhitzen".

KURABGABE

Mit Gästekarte bekommen Sie fast überall Ermäßigungen; die Preisangaben in diesem Führer gelten alle für Gästekarteninhaber. Wer auf den Inseln nächtigt, zahlt die Abgabe ohnehin mit der Unterkunft und bekommt die Karte vom Gastgeber. Die Abgabe schwankt je nach Gemeinde und Saison und beträgt maximal 2,60 Euro pro Tag und Person, mitreisende Kinder bis 18 Jahre frei.

MIETWAGEN

Bei der kleinen *Autovermietung Föhr (Gartenstr. 19 | Wyk | Tel. 04681 580072 | www.autovermietung-foehr.de)* können Sie einen Kleinwagen (ab 40 Euro/ 24 Std.) – auch mit 🟢 Hybridantrieb (55 Euro/24 Std.) – mieten.

ÖFFNUNGSZEITEN

Die Öffnungs- und Essenszeiten vieler Restaurants sind nicht unbedingt identisch: Die Küchenzeiten liegen mittags maximal zwischen 11.30 und 14 Uhr, abends zwischen 17 und 22 Uhr. Nur wenige Lokale sind durchgehend geöffnet, geschweige denn bieten durchgehend warme Küche. Das gilt für alle Inseln, auf Föhr ist die Situation etwas besser.

In der Vor- und Nachsaison werden die Küchenzeiten oftmals flexibel gehandhabt, und auch die in diesem Band angegebenen Ruhetage beziehen sich meist auf diese Zeit. Zwischen Mitte Juni und Mitte Sept. ist dagegen fast überall jeden Tag Betrieb. Oftmals öffnen sonst geschlossene Restaurants und Geschäfte vom (ca.) 20. Dez. bis 6. Jan. und zur Biike. Dann ist der Andrang groß, und

zumindest in den teureren Restaurants sowie am Wochenende empfiehlt es sich, einen Tisch zu reservieren.

Viele Geschäfte sind während der Hochsaison, in der Weihnachtszeit und zur Biike oft auch sonntags geöffnet. Im Rest des Jahres lassen einige Läden am Montag und/oder am Mittwochnachmittag ihre Türen verschlossen.

SCHIFFSAUSFLÜGE

Neben den auf S. 115–117 aufgeführten Schiffsfahrten gibt es noch weitere Anbieter, die Krabbenfangfahrten, Ausflüge zu den Seehundsbänken, auf die Halligen und zu den Inseln anbieten: Die Schiffe der Adler-Reederei *(www.adler-schiffe.de)* legen in Strucklahnungshörn (Nordstrand) ab, in Pellworm starten die „Nordfriesland" *(www.faehre-pellworm.de)* und die „Gebrüder". Die historischen Ewer 🔴 „Ronja" *(www.pfahlewer.de)* und „Labor Sanitas" *(www.laborsanitas.de)* sowie die „Hauke Haien" *(www.wattenmeerfahrten.de)* fahren u. a. ab Wyk, die „Seeadler" *(www.seeadler-hooge.de)* ab Hooge.

WATTWANDERN

Wanderungen auf dem Meeresboden sollten Sie grundsätzlich nie allein unternehmen; am besten schließen Sie sich einer geführten Tour an, bei der Sie auch Wissenswertes über das Ökosystem Watt erfahren. *www.schutzstation-wattenmeer.de, www.wattenmeer-nationalpark.de* Denken Sie an windabweisende, ggf. auch warme Sachen, Kopfbedeckung und Sonnenbrille, bei empfindlichen Füßen an Beachschuhe oder alte Strümpfe, ansonsten wird barfuß gewandert. Etwas zu trinken und eine zweite Hose bzw. Shorts sind wegen des Spritzwassers auch zu empfehlen.

REISEATLAS

Verlauf der Erlebnistour „Perfekt im Überblick"
Verlauf der Erlebnistouren

Der Gesamtverlauf aller Touren ist auch in der herausnehmbaren Faltkarte eingetragen

Bild: Blick vom Alten Hafen auf die Marina, Wyk auf Föhr

Unterwegs auf Föhr und Amrum

Die Seiteneinteilung für den Reiseatlas finden Sie auf dem hinteren Umschlag dieses Reiseführers

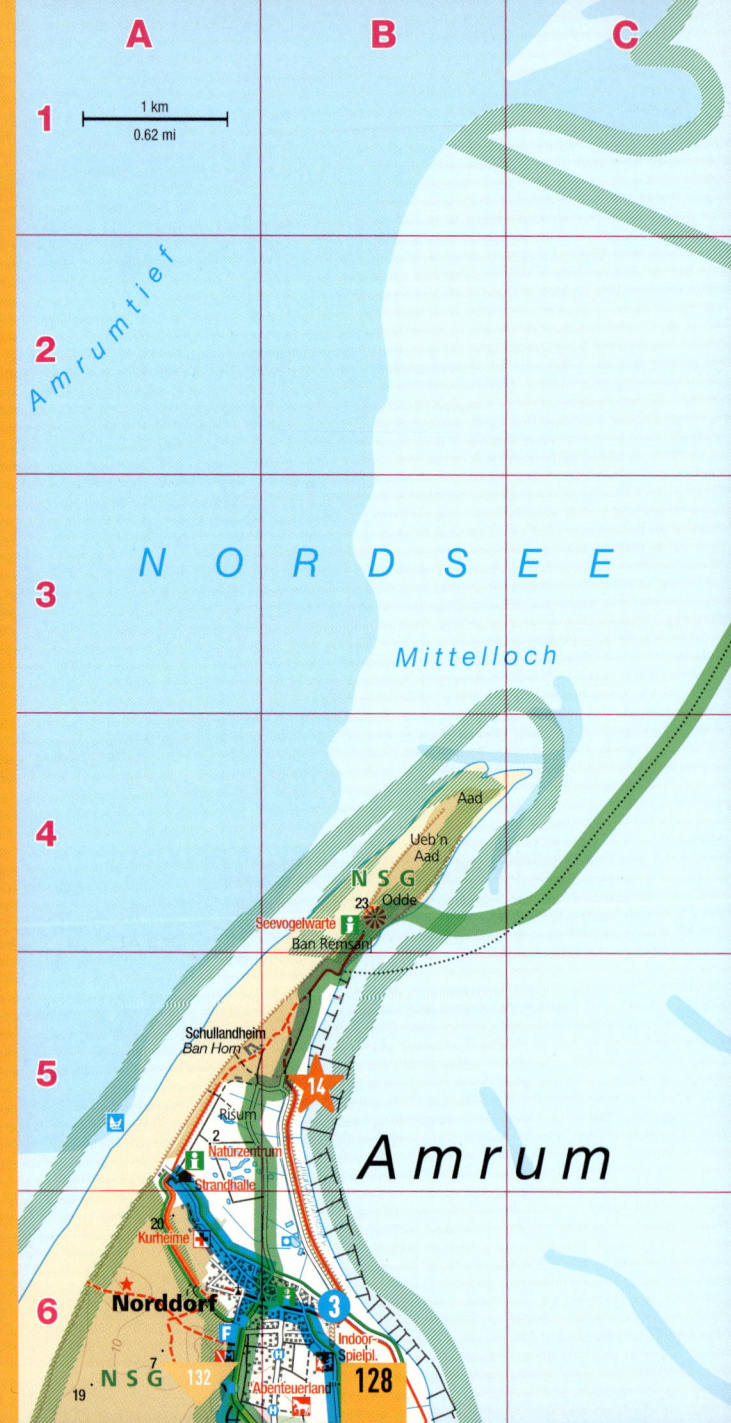

A   B   C

1 km
0.62 mi

1

2

A m r u m t i e f

3

N O R D S E E

Mittelloch

4

Aad

Ueb'n
Aad

N S G
23 Odde

Seevogelwarte
Ban Remsanj

5

Schullandheim
Ban Horn

14

Risum

2
Natürzentrum

Strandhalle

20
Kurheime

A m r u m

6 Norddorf

3

Indoor-
Spielpl.

N S G
19   7   132   128

Abenteuerland

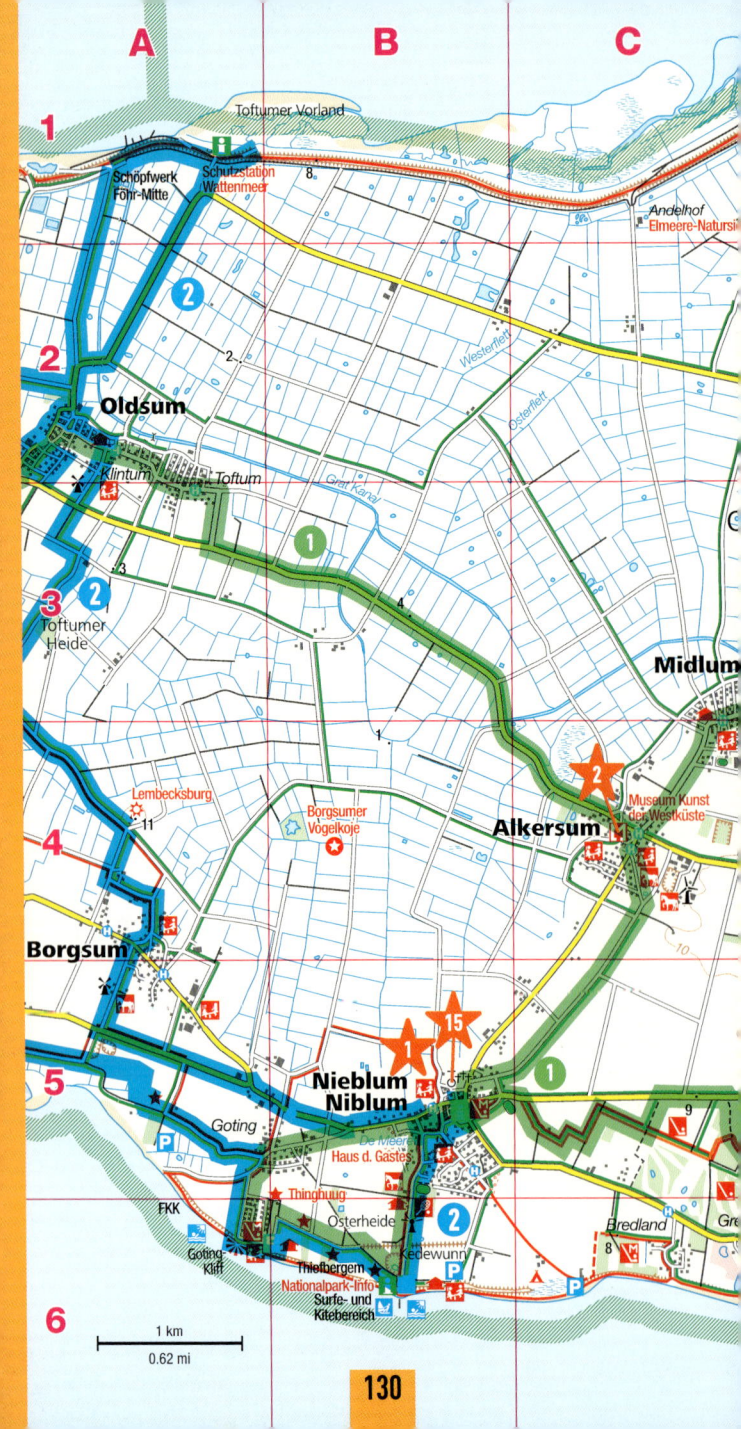

1

Toftumer Vorland

Schöpfwerk
Föhr-Mitte
Schutzstation
Wattenmeer

Andelhof
Elmeere-Naturs

2

Westerhe

Osterfel

2

Oldsum

Klintum   Toftum

Graf Kanal

1

3   2

3

Toftumer
Heide

4

Midlum

Lembecksburg

11

Borgsumer
Vögelkoje

1

2

Alkersum

Museum Kunst
der Westküste

1

4

Borgsum

15

1

5

1

Nieblum
Niblum

Goting

9

Haus d. Gästes

De Meere

2

FKK

Bredland
Gre

Thinghuug

Osterheide

8

Nationalpark-Info
Surfe- und
Kitebereich

Goting-
Kliff

Thietbergem

Kedewunn

6

1 km

0.62 mi

129

1

N o r d m a n n s g r u n d

A m r u m t i e f

2

3

Amrum

Salz-
Nebel
wiesen
Amrum Touristik
Oomrang-Hüs
Heimatmuseum
N S G
Kliff
Ual Aanj

5
Klaffhugh

10

Esenhugh
Steenodde
Landungsbrücke

19

Gusskölk

ehem.
Vogelkoje
3

Düne

Amrum-
Badeland
3
Aussichtsdüne

Schiffsausflüge

1
Sylt

Föhr, Dagebüll

4

Nehrungssee
Wriakhörn

B

Zimmernachweis
Wittdün
Vitdyn

Hörnum, Helgoland III-X

Hooge, Langeneß

5

6

KARTENLEGENDE

Nebenstraße, schmale Nebenstraße
Strada secondaria, strada secondaria stretta
Secondary road, narrow secondary road
Route secondaire, route secondaire étroite

Fahrweg, Forstweg/ Güterweg (teilweise für Kfz gesperrt)
Strada praticabile, forestale (tratto chiuso al traffico)
Road, forest road/ farm road (partially closed for automobiles)
Chemin carrossable, chemin forestier/ chemin (en partie fermé pour automobile)

Karrenweg
Mulattiera (carrareccia)
Cart track
Chemin muletier

Fußweg, Steig
Sentiero, traccia di sentiero
Footpath, steep path
Chemin pédestre, sentier

Tennisplatz, Reitstall
Campo da tennis, Scuderia
Tennis-court, Stable
Court de tennis, Réserve à gibier

Golf, Minigolf
Golf, mini-golf
Golf, miniature-golf
Golf, golf miniature

Kinderspielplatz, Fahrradreparatur
Parco giochi, riparazioni bicicletta
Playground, bike repair shop
Terrain de jeux pour enfants, atelier de réparation de vélos

Findling
Masso erratico
Boulder
Bloc erratique

Themenweg/ Lehrpfad
Sentiero didattico/ sentiero naturalistico
Thematic trail/ nature trail
Sentier à thèmes/ sentier instructif

Radroute
Itinerario ciclabile
Bicycle route
Itinéraire cycliste

Wanderweg (meist markiert und beschildert)
Sentieri (parzialmente segnati, segnaletica)
Hiking trail (generally marked and with signs)
Sentier de randonnée (généralment balisé)

Windmühle, Windkraftanlage
Mulino, impianto eolico
Windmill, wind turbine
Moulin à vent, éolienne

Höhenlinien, Äquidistanz 10m
Curve di livello, equidistanza 10m
Contour lines, equidistance 10m
Courbes de niveau, équidistance 10m

Damm, natürliche Böschung
Terrapieno, scarpata naturale
Dam, slope
Barrage, pente naturelle

Watt, Moor
bassofondo, palude
Tideland, swamp
Lais, marécage

Wald, Sand/ Sandbank
Bosco, Rena/ barra
Forest, sand/ shelf
Forêt, Sable/ banc de sable

Düne, Heide
Duna, Brughiera
Dune, Heathland
Dune, Bruyère

Naturschutzgebiet/ Landschaftsschutzgebiet/ Ruhegebiet
Area protetta/ zona di tutela paesaggistica/ zona di tranquillità
Wildlife reserve/ landscape conservation area
Réserve naturelle/ zone protégée

Nationalpark, Naturpark
Parco nazionale, parco naturale
National park, natural preserve
Réserve naturelle, parc naturel

Schifffahrtslinie
Linea di navigazione
Shipping route
Ligne de navigation

Hafen, Schiffsanlegestelle
Porto, approdo
Haven, ship landin
Port, débarcadère

Parkplatz, Bushaltestelle
Parcheggio, Fermata autobus
Parking, Bus stop
Parking, Arrêt d'autobus

Flugplatz
Campo d'aviazione
Aerodrome
Aérodromea

Personenfähre, Autofähre
Traghetto pass, traghetto auto
Passenger ferry, car ferry
Bac pour automobiles, bac pour personnes

Hallenbad, Freibad/ Badesee
Piscina coperta, lido/ lago balneabile
Indoor swimming pool, outdoor swimming pool/ lake swimming
Piscine couverte, piscine en plein air/ lac

Windsurfen, Sportplatz
Campo sportivo, surf
Sports ground, surfing
Terrain de sport, planche à voile

Information, Hotel, Gasthof, Restaurant
Informazioni, Albergo, trattoria, ristorante
Information, Hotel, inn, restaurant
Information, Hôtel, auberge, restaurant

Jugendherberge, Campingplatz
Ostello della gioventù, campeggio
Youth hostel, camping ground
Auberge de jeunesse, terrain de camping

Museum, Sehenswürdigkeit
Museo, attrazione
Museum, point of interest
Musée, curiosité

Schöner Ausblick, Rundblick
Punto panoramico, panorama
Scenic view, panoramic view
Point de vue remarquable, panorama

Kirche, Kapelle, Krankenhaus/ Notarztstation
Chiesa, Cappella, Ospedale/ posto di pronto soccorso
Church, Chapel, Hospital/ emergency medical physician
Eglise, Chapelle, Hôpital/ poste de médecin d'urgence

Burg/ Schloss, Ruine, Denkmal
Castello, ruderi, monumento
Castle/ palace, ruin, monument
Château fort/ château, ruine, monument

Grabhügel, Schanze/ Ringwall
Tumulo, trincea/ fossato, vallo
Burial mound, entrenchment/ ring wall
Tumulus, fortification/ enceinte

Wasserbehälter, Kläranlage
Serbatoio d'acqua, impianto di depurazione
Water reservoir, clarification plant
Réservoir d'eau, station d'épuration

Friedhof, Sender, Leuchtturm
Cimitero, trasmettitore, faro
Cemetery, radio antenna, lighthouse
Cimetière, station de radio ou émetteur de télévision, phare

MARCO POLO Erlebnistour 1
MARCO POLO Giro awentura 1
MARCO POLO Discovery Tour 1
MARCO POLO Tour d'aventure 1

MARCO POLO Erlebnistouren
MARCO POLO Giri awenturosi
MARCO POLO Discovery Tours
MARCO POLO Tour d'aventure

MARCO POLO Highlight

ALLE **MARCO POLO** REISEFÜHRER

DEUTSCHLAND
Allgäu
Bayerischer Wald
Berlin
Bodensee
Chiemgau/
Berchtesgadener
Land
Dresden/
Sächsische Schweiz
Düsseldorf
Eifel
Erzgebirge/
Vogtland
Föhr & Amrum
Franken
Frankfurt
Hamburg
Harz
Heidelberg
Köln
Lausitz/Spreewald/
Zittauer Gebirge
Leipzig
Lüneburger Heide/
Wendland
Mecklenburgische
Seenplatte
Mosel
München
Nordseeküste
Schleswig-Holstein
Oberbayern
Ostfriesische Inseln
Ostfriesland/Nord-
seeküste Nieder-
sachsen/Helgoland
Ostseeküste
Mecklenburg-
Vorpommern
Ostseeküste
Schleswig-Holstein
Pfalz
Potsdam
Rheingau/
Wiesbaden
Rügen/Hiddensee/
Stralsund
Ruhrgebiet
Schwarzwald
Stuttgart
Sylt
Thüringen
Usedom
Weimar

**ÖSTERREICH
SCHWEIZ**
Kärnten
Österreich
Salzburger Land

Schweiz
Steiermark
Tessin
Tirol
Wien
Zürich

FRANKREICH
Bretagne
Burgund
Côte d'Azur/
Monaco
Elsass
Frankreich
Französische
Atlantikküste
Korsika
Languedoc-
Roussillon
Loire-Tal
Nizza/Antibes/
Cannes/Monaco
Normandie
Paris
Provence

**ITALIEN
MALTA**
Apulien
Dolomiten
Elba/Toskanischer
Archipel
Emilia-Romagna
Florenz
Gardasee
Golf von Neapel
Ischia
Italien
Italienische Adria
Italien Nord
Italien Süd
Kalabrien
Ligurien/
Cinque Terre
Mailand/
Lombardei
Malta & Gozo
Oberital. Seen
Piemont/Turin
Rom
Sardinien
Sizilien/
Liparische Inseln
Südtirol
Toskana
Venedig
Venetien & Friaul

**SPANIEN
PORTUGAL**
Algarve

Andalusien
Azoren
Barcelona
Baskenland/
Bilbao
Costa Blanca
Costa Brava
Costa del Sol/
Granada
Fuerteventura
Gran Canaria
Ibiza/Formentera
Jakobsweg
Spanien
La Gomera/
El Hierro
Lanzarote
La Palma
Lissabon
Madeira
Madrid
Mallorca
Menorca
Portugal
Spanien
Teneriffa

NORDEUROPA
Bornholm
Dänemark
Finnland
Island
Kopenhagen
Norwegen
Oslo
Schweden
Stockholm
Südschweden

**WESTEUROPA
BENELUX**
Amsterdam
Brüssel
Cornwall & Devon
Dublin
Edinburgh
England
Flandern
Irland
Kanalinseln
London
Luxemburg
Niederlande
Niederländische
Küste
Oxford
Schottland
Südengland

OSTEUROPA
Baltikum
Budapest
Danzig
Krakau
Masurische Seen
Moskau
Plattensee
Polen
Polnische
Ostseeküste/
Danzig
Prag

Slowakei
St. Petersburg
Tallinn
Tschechien
Ungarn
Warschau

SÜDOSTEUROPA
Bulgarien
Bulgarische
Schwarzmeerküste
Kroatische Küste
Dalmatien
Kroatische Küste
Istrien/Kvarner
Montenegro
Rumänien
Slowenien

**GRIECHENLAND
TÜRKEI
ZYPERN**
Athen
Chalkidikí/
Thessaloniki
Griechenland
Festland
Griechische Inseln/
Ägäis
Istanbul
Korfu
Kos
Kreta
Peloponnes
Rhodos
Sámos
Santorin
Türkei
Türkische Südküste
Türkische Westküste
Zákinthos/Itháki/
Keffalloniá/Léfkas
Zypern

NORDAMERIKA
Chicago und
die Großen Seen
Florida
Hawai'i
Kalifornien
Kanada
Kanada Ost
Kanada West
Las Vegas
Los Angeles
New York
San Francisco
USA
USA Ost
USA Südstaaten/
New Orleans
USA Südwest
USA West
Washington D.C.

**MITTEL- UND
SÜDAMERIKA**
Argentinien
Brasilien
Chile
Costa Rica
Dominikanische

Republik
Jamaika
Karibik/
Große Antillen
Karibik/
Kleine Antillen
Kuba
Mexiko
Peru & Bolivien
Yucatán

**AFRIKA UND
VORDERER
ORIENT**
Ägypten
Djerba/
Südtunesien
Dubai
Iran
Israel
Jordanien
Kapstadt/
Wine Lands/
Garden Route
Kapverdische
Inseln
Kenia
Marokko
Marrakesch
Namibia
Oman
Rotes Meer & Sinai
Südafrika
Tansania/Sansibar
Tunesien
Vereinigte
Arabische Emirate

ASIEN
Bali/Lombok/Gilis
Bangkok
China
Hongkong/Macau
Indien
Indien/Der Süden
Japan
Kambodscha
Ko Samui/
Ko Phangan
Krabi/
Ko Phi Phi/
Ko Lanta/Ko Jum
Malaysia
Myanmar
Nepal
Peking
Philippinen
Phuket
Shanghai
Singapur
Sri Lanka
Thailand
Tokio
Vietnam

**INDISCHER OZEAN
UND PAZIFIK**
Australien
Malediven
Mauritius
Neuseeland
Seychellen

REGISTER

In diesem Register sind alle im Reiseführer erwähnten Inseln, Halligen, Orte und Ausflugsziele verzeichnet, außerdem einige zusätzliche Stichworte. Gefettete Seitenzahlen verweisen auf den Haupteintrag.

AMRUM 13, 14, 15, 16, 17, 19, 21, 22, 23, 25, 31, 34, 43, 50, **56**, 89, 91, 97, 112, 113, 116, 118, 120, 122, 123
Abenteuerland, Norddorf 114
Amrum-Badeland, Wittdün 60, **71**, 116
Amrumer Windmühle, Nebel 62
Dünenlehrpfad, Norddorf 103
Eisenzeitliches Haus, Norddorf 103
Insel-Paul 60
Jungnamensand 66
Kniepsand **56**, 112, 114
Leuchtturm, Wittdün **69**, 103
Lollypop, Norddorf 116
Minigolf, Norddorf 68
Mühle, Nebel 62
Naturzentrum, Norddorf 66
Nebel 18, 22, 43, 58, 59, 60, 97, 104, 110
Norddorf 18, 19, 58, 59, 61, 63, **66**, 71, 97, 103, 110, 113, 120
Odde (Vogelschutzgebiet) 58, 59, 66, 97
Öömrang Hüs, Nebel 62
Räuberhöhle, Nebel 116
Schatzkiste, Wittdün 116
Soccer Academy 116
St. Clemens, Nebel **62**, 97, 104
Steenodde 59, 61, 65, 105, 119
Süddorf 58, 59, 60, 61, 104
Vogelkoje Meeram **69**, 103
Westerheide 61, 64, 103
Windmühle, Nebel 62
Wittdün 58, 60, **69**, 97, 102, 105
Yacht- und Seezeichenhafen, Wittdün **70**, 105

FÖHR 13, 14, 15, 16, 17, 18, 19, 22, 23, 25, 29, 31, **32**, 43, 63, 89, 96, 110, 112, 113, 114, 115, 119, 120, 121, 122, 123
Abenteuertour Japsand 115
Alkersum 30, **41**, 113
Aquaföhr, Wyk **54**, 98
Boldixum 22, 48
Borgsum 30, 102
Carl-Häberlin-Straße, Wyk 48
Dunsum 34, 44, **45**, 66, 96, 111
Freizeithelfer-Laden, Wyk 116
Friesendom siehe St. Johannis
Friesenexpress 34
Friesenmuseum, Wyk **49**, 98, 119
Fun-Park, Wyk 114
Gezeitenbrunnen, Wyk 50
Glockenturm, Wyk 49
Godelniederung (Vogelschutzgebiet) 40, 99
Goting 35, 36, 98, 99
Hafen, Wyk 49
Hedehusum 100
Informationszentrum der Schutzstation Wattenmeer, Oldsum 101
Kinder-Uni 116

Klintum 43
Kormoransand 46
Krabbenfangfahrt 116
Lembecksburg **39**, 102
Leuchtturm Olhörn, Wyk 50
Midlum 31, 34, **42**
Milk and more, Klein-Dunsum **45**, 101, 111, 116
Mühle, Borgsum 102
Mühle, Oldsum 43
Mühle „Venti Amica", Wyk 49
Mühle, Wrixum 55
Museum Kunst der Westküste, Alkersum 34, **41**, 63, 98, 118
Nationalpark-Zentrum, Wyk 23, 46, **116**
Nieblum 19, 22, 34, **35**, 98, 99, 102, 110, 113
Oevenum 25, 30, **40**, 98, 111
Oldsum 34, **42**, 101
Osterland 34
Park an der Mühle, Wyk 49
Sandwall, Wyk 36, **50**, 98
Spielgolf, Nieblum 38
Stellys Hüüs, Oldsum 43
St. Johannis, Nieblum **37**, 38, 44, 98, 118
St. Laurentii, Süderende 44, **45**, 100
St. Nicolai, Boldixum 44, 48, **50**, 118
Süderende 18, 22, 44, **45**, 53, 101
Sunberig, Utersum 46
Toftum 43
Traumstraße **40**, 102
Trübergem, Utersum 46
Utersum 35, **46**, 53, 110, 113
Vogelkoje Boldixum 55
Westerland 34
Witsum 40
Wrixum 31, **55**, 113
Wyk 15, 16, 17, 18, 19, 20, 25, 30, 32, 34, 35, **48**, 59, 86, 96, 97, 98, 110, 112, 113, 118, 119, 120, 124, 125

GRÖDE, HALLIG 89, 121, 123
St. Margarethen 89

HABEL, HALLIG 88

HAMBURGER HALLIG 15, 86, **89**

HOOGE, HALLIG 25, 30, 79, **90**, 96, 113, 115, 118, 121, 122, 123, 125
Johanniskirche **90**, 96
Königspesel **90**, 96
Sturmflutkino 91

LANGENESS, HALLIG 50, 87, **91**, 93, 113, 122, 123
Hallig-Express 91
Kapitän-Tadsen-Museum 92
Kirche 92

NORDEROOG, HALLIG 88

NORDSTRAND 13, 15, 16, 30, **80**, 86, 95, 109, 111, 112, 113, 117, 122, 123
7 Flaggen 81
Alter Koog 82
Elisabeth-Sophien-Koog 84
Engel-Mühle **83**, 109
Hallenbad 84
Holmer Siel 84, 108, 109, 113
Inselmuseum 82
Lüttmoordamm 84
Norderhafen 81, 96
Strucklahnungshörn 74, 81, 95, 122, 123, 125
St. Theresia 82
St. Vinzenz 82
Vogelkoje 82

NORDSTRANDISCHMOOR, HALLIG 15, 80, 84, 86, 89, 108

OLAND, HALLIG 50, 87, **93**, 122, 123

PELLWORM 13, 15, 16, 18, 23, 25, 30, 63, **72**, 80, 81, 86, 95, 108, 110, 112, 113, 117, 118, 119, 122, 123, 125
Alte Kirche **75**, 96, 105, 106, 118
Freizeitanlage Kaydeich 78, 107, **117**
Hafen 74
Inselmuseum 75
Kinnerstuv 117
Leuchtturm 72, **75**, 96, 106
Minigolf 78
Multi-Sport-Arena 117
Nationalpark-Haus 76
Neue Kirche 75
Pelle Welle 78
Pütten 73, 106
Rungholtmuseum Bahnsen 75
Seefahrt tut not 76
St. Crucis 75
St. Salvator siehe Alte Kirche
Tammensiel 72, 74, 96
Wattenmeer-Haus 76

SÜDEROOG, HALLIG 79, 89, 106

SÜDFALL, HALLIG 15, 79, **85**, 88

WEITERE STICHWORTE
Beachsoccer 19
Beltringharder Koog 80, **85**, 108
Biike-Brennen 118
Burchardiflut 15, 80, 86
Cecilienkoog 108
Dagebüll 86, 87, 93, 96, 99, 122
Friesenhaus 22
Friesisch (Sprache) 19, **22**, 34
Grabsteine, redende **22**, 37, 45, 63
Hattstedtermarsch 108

IMPRESSUM

Holmer See 109
Japsand 115
Marcellusflut 14
Nationalpark Schleswig-Holsteinisches Wattenmeer 16, **23**, 120
Norderoogsand 88
Ringreiten **24**, 118

Rungholt 15, 75, **79**
Schiffsausflüge 115, 116, 117, 125
Schlüttsiel 87, 89, 90, 91, 93, 96, 122
Seehundsbänke 46, 66, 96, 116, 117, 125
Strand (Insel) 15, 80

Sylt 15, 16, 17, 21, 56, 59, 89
Umweltschutz 24
Vogelkoje **25**, 55, 69, 82
Wattwandern 46, 75, 84, 85, 120, 121, **125**, 140

SCHREIBEN SIE UNS!

Egal, was Ihnen Tolles im Urlaub begegnet oder Ihnen auf der Seele brennt, lassen Sie es uns wissen! Ob Lob, Kritik oder Ihr ganz persönlicher Tipp – die MARCO POLO Redaktion freut sich auf Ihre Infos.

Wir setzen alles dran, Ihnen möglichst aktuelle Informationen mit auf die Reise zu geben. Dennoch schleichen sich manchmal Fehler ein – trotz gründlicher Recherche unserer Autoren/innen. Sie haben sicherlich Verständnis, dass der Verlag dafür keine Haftung übernehmen kann.

MARCO POLO Redaktion
MAIRDUMONT
Postfach 31 51
73751 Ostfildern
info@marcopolo.de

IMPRESSUM

Titelbild: Deichschafe bei Wyk, Insel Föhr (Laif: R. Kreuels)

Fotos: DuMont Bildarchiv: R. Freyer (10, 24), Schwarzbach (74); Burkhard Frantzen (18 M.); Getty Images/Look: D. Schoenen (14/15); Getty Images/Westend61 (3, 110/111), R. Berg (2); O. Heinze (58, 118/119, 120 o.); huber-images: S. Lubenow (11, 104), B. Udo (23); © iStockphoto: Eric Delmar (18 o.); Laif: D. Eisermann (90), F. Heuer (30), R. Kreuels (1 o.), G. Lengler (120 u.), T. Linkel (6, 40), S. Walczak (47); Laif/JACANA: H. Ausloos (88); Look: U. Böttcher (51), A. Haug (5, 34), S. Lubenow (4 u., 9, 39, 82, 93), D. Schoenen (121), H. Wohner (17); Look/Roetting+Pollex (42, 107); mauritius images: C. Bäck (62), I. Boelter (12/13), P. Lehner (77, 85), U. Siebig (72/73); mauritius images/ Alamy (19 o.); mauritius images/Alamy/ALLTRAVEL (30/31, 112); mauritius images/Alamy/Zoonar (26/27); mauritius images/Foto-Jost (Klappe r.); mauritius images/imageBROKER: Nüsser (28 l.), H. Weitzel (78); picture alliance/Arco Images: W. Diederich (48), K. Wernicke (80/81); picture alliance/blickwinkel: C. Wermter (7); picture alliance/dpa: M. Gambarini (119), D. Reinhardt (4 o., 68), B. Schleep (66/67, 70), A. Warmuth (Klappe l., 52); picture alliance/natureinstock: H. Schulz (109); picture alliance/Westend61 (19 u.), D. Heinemann (28 r.); G. Quedens (36, 117, 118); K. Quedens (114/115); Michael Schapers (18 u.); Schapowalow: H. Bias (32/33); A. M. Schuppius (1 u., 8, 45); vario-images/Chromorange (31); vario-images/imageBROKER (20/21, 29, 55, 56/57, 61, 65, 86/87, 101, 126/127); vario-images/Westend61 (94/95)

11. Auflage 2018
Komplett überarbeitet und neu gestaltet

© MAIRDUMONT GmbH & Co. KG, Ostfildern, Chefredaktion: Marion Zorn

Autor: Arnd M. Schuppius; Redaktion: Ulrike Frühwald

Verlagsredaktion: Lucas Forst-Gill, Susanne Heimburger, Johanna Jiranek, Nikolai Michaelis, Martin Silbermann, Kristin Wittemann; Bildredaktion: Gabriele Forst, Veronika Plajer

Im Trend: Arnd M. Schuppius, wunder media, München

Kartografie Reiseatlas: © MAIRDUMONT, Ostfildern; Kompass Karten GmbH, A-Innsbruck

Kartografie Faltkarte: © MAIRDUMONT, Ostfildern; Kompass Karten GmbH, A-Innsbruck

Gestaltung Cover, S. 1, S. 2/3, Faltkartencover: Karl Anders – Büro für Visual Stories, Hamburg; Gestaltung innen: mlhof:atelier, Berlin; Gestaltung Erlebnistouren: Susan Chaaban Dipl.-Des. (FH)

BLOSS NICHT ☝

Vor allem den Blanken Hans sollten Sie ernst nehmen

MÖWEN FÜTTERN

Die schlauen Vögel – die von Nahem betrachtet übrigens viel größer sind, als man gedacht hat – nehmen das Sprichwort vom kleinen Finger und der ganzen Hand wörtlich: Gibt man ihnen erst mal ein Häppchen, lassen sie nicht nach, umkreisen einen aggressiv mit dem schrillen Ruf „Gib mir mehr!" und verschandeln nebenbei die Promenaden mit ihren Hinterlassenschaften. Das alles ist dann recht unangenehm, zumal immer mehr kommen ... Und: Die scharfen Möwenschnäbel haben schon oft Touristen verletzt.

RÜCKSICHTSLOS RADELN

Fahren Sie auf den dafür ausgewiesenen Wegen. Dort, wo Sie die Straße benutzen müssen und in einer Gruppe unterwegs sind, fahren Sie hinter- und nicht nebeneinander – die Insulaner müssen ihrer täglichen Arbeit nachgehen und sind mit Autos und Traktoren ziemlich zügig unterwegs. Gerade ungeübte und daher unsichere Radfahrer sollten sich strikt an die auch auf den Inseln geltende StVO halten.

HUNDE OHNE LEINE LASSEN

Es gilt fast überall Leinenzwang! Die Inseln und Halligen sind wichtige Brut- und Rückzugsgebiete für Vögel, auch am Strand. Und Schafe geraten, wenn ihnen am Deich ein frei laufender Hund begegnet, schnell in Panik und können sich deswegen verletzen. Für lauf- und badefreudige Hunde gibt es extra ausgewiesene Hundestrände.

FRIESENWÄLLE BESTEIGEN

Viele Grundstücke sind von niedrigen Feldsteinwällen eingefasst, die u. a. als Windschutz dienen. Benutzen Sie sie nicht als Bank, und lassen Sie Ihre Kinder nicht darauf herumturnen, das kann teuer werden. Die Wälle sind recht instabil: Wenn sich erst mal ein Stein gelockert hat, kann der Wall beim nächsten stärkeren Regen einstürzen.

DAS WATT UNTERSCHÄTZEN

Eine Wattwanderung sollten Sie unbedingt nur unter kundiger Führung unternehmen! Wenn Sie aber „nur" einen küstennahen Wattspaziergang machen, dann müssen Sie die folgenden grundsätzlichen Regeln beachten, um ihn entspannt genießen zu können: Nur bei ablaufendem Wasser (am besten zwei Stunden vor Niedrigwasser), niemals bei auflaufender Flut losmarschieren und immer nur bei klarer Sicht, nie abends. Die Zeit für den Rückmarsch einkalkulieren. Niemals allein gehen. Sich vor dem Trip bei einer Person (Vermieter etc.) abmelden. Dem Wetter, das im Wattenmeer sehr schnell umschlagen kann, angepasste Kleidung mitnehmen (Sonnenschutz/Windschutz), Wettervorhersagen beachten! Auch auf kleinere Priele achten – sie führen auch bei Ebbe oft noch Wasser mit starker Strömung! Der Tidenkalender, eine Uhr oder Ihr Smartphone (s. S. 121), auch ein Kompass, sind unabdingbare Hilfen.